---
# 民主四讲
---

王绍光 著

生活·讀書·新知 三联书店

Copyright © 2018 by SDX Joint Publishing Company.
All Rights Reserved.

本作品版权由生活·读书·新知三联书店所有。
未经许可,不得翻印。

#### 图书在版编目(CIP)数据

民主四讲/王绍光著. —北京:生活·读书·新知三联书店,2018.10 (2024.9重印)
(当代学术)
ISBN 978-7-108-06290-1

Ⅰ.①民… Ⅱ.①王… Ⅲ.①民主-研究 Ⅳ.①D082

中国版本图书馆CIP数据核字(2018)第077672号

| 责任编辑 | 冯金红 |
|---|---|
| 装帧设计 | 宁成春 |
| 责任校对 | 张 睿 |
| 责任印制 | 董 欢 |
| 出版发行 | 生活·讀書·新知 三联书店 |
| | (北京市东城区美术馆东街22号 100010) |
| 网 址 | www.sdxjpc.com |
| 经 销 | 新华书店 |
| 印 刷 | 天津裕同印刷有限公司 |
| 版 次 | 2018年10月北京第1版 |
| | 2024年9月北京第6次印刷 |
| 开 本 | 635毫米×965毫米 1/16 印张15 |
| 字 数 | 193千字 |
| 印 数 | 18,001-20,000册 |
| 定 价 | 68.00元 |

(印装查询:01064002715;邮购查询:01084010542)

当代学术

# 总 序

生活·读书·新知三联书店从1986年恢复独立建制以来，就与当代中国知识界同感共生，全力参与当代学术思想传统的重建和发展。三十年来，我们一方面整理出版了陈寅恪、钱锺书等重要学者的代表性学术论著，强调学术传统的积累与传承；另一方面也积极出版当代中青年学人的原创、新锐之作，力求推动中国学术思想的创造发展。在知识界的大力支持下，通过多年的努力，我们已出版众多引领学术前沿、对知识界影响广泛的论著，形成了三联书店特有的当代学术出版风貌。

为了较为系统地呈现中国当代学术的发展和成果，我们以上世纪八十年代以来刊行的学术成果为主，遴选其中若干著作重予刊行，其中以人文学科为主，兼及社会科学；以国内学人的作品为主，兼及海外学人的论著。

我们相信，随着当代中国社会的繁荣发展，中国学术传统正逐渐走向成熟，从而为百余年来中国学人共同的目标——文化自主与学术独立，奠定坚实的基础。三联书店愿为此竭尽绵薄。谨序。

生活·读书·新知三联书店<br>
2017年3月

# 目 录

前 言　1

**第一讲　民主的起源与演化**　1
　一　民主从何而来？　1
　二　古典政治理论家的民主观　12
　三　民主的异化　29
　　"自由"和"宪制"限制了民主权威的适用范围　29
　　"代议"限制了民众直接参与决策的机会　33
　　"自由竞争性选举"限制了大多数人参政的机会　41
　　普选的实现也无法改变选举的"贵族""寡头"色彩　47

**第二讲　现代民主兴起的条件**　62
　一　经济发展与民主　67
　二　阶级结构与民主　78
　三　文化与民主　81
　　公民文化与民主　85
　　政治容忍与民主　87
　　生活满意度与民主　90
　　解放价值与民主　94

四　公民社会与民主　98

　　五　社会资本与民主　105

　　六　国家有效性与民主　114

**第三讲　现代民主的机制与运作　120**

　　一　选举制度　121

　　　　选举权　123

　　　　选区划分　130

　　　　投票规则　136

　　二　政党制度　147

　　三　行政与立法的关系　159

**第四讲　实效与反思　169**

　　一　民主的实效：以工具性目标来衡量　169

　　　　民主与经济增长　170

　　　　民主与社会公正　173

　　　　民主与幸福　176

　　二　民主的实效：以民主原则来衡量　181

　　　　不平等的参与：选举　182

　　　　金钱与选举　195

　　　　不平等的参与：群体政治　207

　　三　对民主制度的反思　216

# 前　言[1]

最近俞可平有一篇文章获得广泛的关注，题目是《民主是个好东西》。"民主"是个时髦的话题，我用 Google 搜索这个词，有 6300 万个相符的结果；用百度搜索这个词，也能找到 4100 万个结果，比"平等""公正"之类的关键词频率高得多，显然也更受人重视。恐怕绝大多数人都同意"民主是个好东西"。谈民主无非有两种方式。一种是规范性的讨论，其着眼点是"民主到底是好东西，还是坏东西"。如果好，为什么好？好在哪里？如果坏，为什么坏？坏在哪里？断言、争辩或推演"民主是个好东西"就属于规范性讨论。现在，这一类讨论充斥了讲堂、书店、报刊、互联网，相当多的人都可以侃侃而谈，说出"民主"的 N 条好处。他们对"民主"有一种玫瑰色的期待，似乎只要这个神奇的东西降临大地，它将摧枯拉朽、荡涤污流浊水，让一切变得美好起来。即使是那些对此抱怀疑态度的人，往往也不会否认"民主"的终极价值。他们只是坚持，中国现在的条件仍然不成熟；假以时日，中国也终有一天会实现"民主"。

不过，依据经验材料论证"民主是个好东西"就不那么简单了。首先，人们对"民主"的理解未必一致，而"名不正则言不顺"。如果不同的人对"美"有不同的评判标准，却异口同声地欢呼"美是个

---

[1] 这本小册子依据的材料是笔者于 2007 年 6 月间在清华大学公共管理学院所作的四次讲演。感谢清华大学公共管理学院王磊同志和清华大学政治学系何建宇同志对初稿整理所做出的贡献。也感谢香港中文大学政治与公共行政系博士生欧树军在收集资料方面所作的努力。

好东西",我们是否觉得有点奇怪?同理,当人们对"民主"有着不同定义时,他们说"民主是个好东西",意义到底有多大?

其次,作为一种政治体制,"民主"已经有2500年的历史;而在头2300多年,它一直被看作是个"坏东西";直到最近100来年,它才时来运转,被当作"好东西"。为什么"坏东西"会变成"好东西"?到底是什么发生了变化?是"民"的概念变了,还是"主"的方式变了,还是"民主"的外部经济、社会环境变了?

再次,如果"民主是个好东西",为什么"民主"出现在某个历史阶段,而不是其他历史阶段?为什么"民主"出现在某些国家或地区,而不是其他国家或地区?这个"东西"的出现是否需要一定的经济、社会、文化条件才会变成"好东西"?

第四,"民主"概念是抽象的,民主政体是具体的,其存在方式(如选举制度、政党制度、立法—行政关系、中央—地方关系)千差万别,也不可能与特定的经济社会体制相分离。这样便产生了"自由民主"与"社会民主""社会主义民主"的差别,"议会制民主"与"总统制民主"的差别,"单一制民主"与"联邦制民主"的差别。即使退一万步讲,我们把各式各样的"民主"都当作"好东西",逻辑上,我们是否还应追问,哪一种"民主"更"好"一些,哪一种"民主"的问题比较多?

第五,我们都知道,自称"民主"的体制未必民主;其实,形式上看似"民主"的体制(如有定期选举和多党竞争)运作起来也未必符合民主的原则。例如,当"民主"这部机器的关键部件要靠金钱的"润滑剂"来维持运转的话,"民主"变成了"钱主",那些看似"好"的东西还是真正的"好东西"吗?

最后,即使是民主最衷心的拥戴者也会承认,他们捍卫的"民主"未必完美;但其中不少人满足于用丘吉尔那句"民主是最坏的政体,只不过其他政体更糟糕"(Democracy is the worst form of government except all the others that have been tried.）。这绝不是真正的民主主义者应该采取的态度。如果满足于一种"最不坏"的政体，我们是否能够接受雅典那种奴隶制的"民主"、一百多年前欧美那种有产者独享的"民主"？正确的态度是，随着时代的变迁，在不同经济、社会、文化环境下，应该不断探索实现民主的新方式。那么，现实世界里已经出现了哪些可以将"最不坏"体制加以改善的新型民主试验呢？我们是否应该不拘泥于现在大行其道的"民主"形式，探索更接近民主理念的、"更好"的政治体制呢？

以上六个方面的问题不是规范性的问题，而是实证性的问题，其关注点是现实世界里的民主体制是什么？它们如何形成？如何运作？实效如何？这本小册子分为四讲，试图以被当作楷模的成熟的西方民主（尤其是美国民主）为例来讨论这些实证性的问题。第一讲是民主的起源和演化，主要讨论民主发展的历史过程，探究为什么它会从"坏东西"变成了"好东西"？第二讲是西式民主出现以及巩固的条件，它在什么样的情况下会出现？什么样的情况下得以巩固？第三讲是西式民主的机制与运作，分析有哪些机制支撑这类民主政体，这些机制是怎么运作的？第四讲是西式民主的实效和反思，看它们在多大程度上实现了民主的理念，并探讨有没有实现民主理念的更好方式。这本书的目的不仅仅是为了介绍，也不仅仅是为了赞赏；在很大程度上，它的目的是要对西式民主进行批判和反思。这一思路会贯穿在本书的始终，包括其内容的取舍、结构的安排等。[1]

---

[1] 由于篇幅有限，本书删除了详细的注释，只是在一些十分必要的地方，保留了注释。

# 第一讲　民主的起源与演化

上面提到，民主并不是从一开始就被人看作"好东西"。恰恰相反，在过去两千多年中，民主一直被认为是个"坏东西"，只是到了最近一个世纪，它才开始被当成"好东西"。第一讲从民主的起源说起，探讨为什么会出现这样的演化。它希望回答如下问题：什么是民主？民主什么时候开始存在？它早期的存在形态有什么特点？20世纪以前古典的政治理论家怎么看待民主？现代的民主和早期的原始状态的民主有什么区别？为什么会出现这些变化？

## 一　民主从何而来？

"民主"这个词在中文里面早就有，它要么指君主（如"天惟时求民主，乃大降显休命于成汤"，《书·多方》），要么指官吏（如"仆为民主，当以法率下"，《三国志·吴志·锺离牧传》），总之其含义与今天讲的"民主"非常不一样。

我们今天使用的"民主"一词源于希腊文的两个字，一个是 δημος（demos），意指人民或者是公民，一个是κρατος（cracy），意指某种公共权威或统治。西文里的"民主"（δημοκρατία 或 democracy）就是 demo 加 cracy，其含义是"统治归于人民"或人民主权。更准确地说，由全体人民（而不是他们选出的代表）平等地、无差别地参与国家决策和进行国家管理，这是民主最原始、最简单的含

古希腊地图

义。但是今天讲民主时往往都背离了"民主"的原意,后面会谈到今天的"民主"在哪些方面背离了人民主权的原旨。

既然"民主"这个词来自希腊文,很显然,作为一种政治体制,民主发源于古希腊。

上图是古希腊的地图。可以看到,希腊是在爱奥尼亚海、爱琴海、地中海交界处,这里人流比较通畅,思想也比较活跃。在古希腊这片区域里,存在着数以百计的大大小小的城邦国家;每个城邦里,都有一小部分富人和很多穷人。当富人和穷人差距很大的时候,就会产生冲突、阶级斗争，甚至出现政治上的僵局状况。在公元前6、7世纪的时候，很多古希腊城邦国家都有这种由于阶级斗争造成的政治上僵局的情况。有一些城邦国家当时就推翻了暴政，开始采取民主这样一种政体，也就是由人民来进行统治。有证据显示希俄斯岛（Chios）早在公元前575至前550年之间就出现了公民的议会和大会，大概是第一个采取民主政体的地方。至于最著名的雅典民主，据记载出现于公元前508年，延续至公元前323年，也就是雅典城邦被马其顿击败之时。

讲到"民主"，明确"民"的含义至关重要，我们不能想当然地认为，既然民主是"人民的统治"，民主就意味着"所有人的统治"。不管是过去还是现代，"人民"从来都不是数人头，不是所有的自然人都属于"人民"，只有"公民"的人头才算数。那么在雅典，谁够格当"公民"呢？亚里士多德在《政治学》中把"公民"定义为"有权参加议事和审判职能的人"，即一个人必须具备两种权利才能叫公民：一种是作为陪审员他有权利参加审判，审判他人有罪还是无罪；一种是他有权利参与统治，或者他有权被人选为治理国家的官员。有权行使这两种权利的人才叫作"公民"。问题是，什么人才够格行使这两项权利呢？有多少人可以行使这两项权利呢？

首先，只有年满20岁的雅典男子才可能具有公民资格。年龄并不是唯一的限制，成年妇女就不具备公民资格。性别也不是主要的限制条件，男性的奴隶和外邦人都不是公民。年满20岁的男子也未必都能取得公民资格，如伯里克利时期的法律规定，只有父母都是雅典公民的人才能成为雅典公民。古希腊城邦数量很多，面积都不大，一不小心就成了外邦人。而只要父母一方不是公民，就别想成为公民了。雅典一共有多少公民呢？那时没有人口普查，难以有个准确的数字。据估算，在不同时期，公民的数量介于3万至6万之间。那么，同期雅典的总人口是多少呢？估计在30万至50万之间。在雅典全盛时代，据测算，享有充分权利的公民总数约有4万人，他们的妻儿约有5万人。此外，还有4万左右外邦人，以及35万左右奴隶。不管确切的数字是多少，有一点是毋庸置疑的，那就是公民人数在整个人口里面的比例是比较小的，大概只有十分之一。因此，雅典的民主仅仅是极少数"公民"享有的民主，是排斥绝大多数人的民主；雅典民主政治所谓"多数人的统治"实际上是建立在奴隶制基础上的、极少数人的统治。无怪乎有学者（如当代西方以研究古希腊历史著称的M.I.Finley）认为，正是因为雅典是奴隶制发达的城邦，那儿民主才比较兴盛。

那么在公民之中，民主是如何实现的呢？雅典的政治体制非常复杂，其中有三个机构最重要：一是公民大会，是雅典城邦国家的最高权力机构，负责审议并决定一切国家大事；一是五百人的议事会，是公民大会的附属机构，负责政体的日常运作。第三个是民众法庭。当然还有其他机构，比如行政机构、军事机构等等。

公民大会是雅典政体中最重要的机构，与今天的民主政体相比，它有几个值得注意的特点。第一，它不是由公民选举出来的代表组成的，而是全体公民都能参加的大会。为此，必须准备一个巨大的会场。据考古发掘推算，公民大会的专用会场普尼克斯（Pnyx）I期（公元前5世纪）可容纳6000人；公元前400年左右经扩建后，普尼克斯II期可容纳更多的人，一说是6500—8000人，另一说是14800人。第二，公民大会可以对关系到雅典生活的方方面面进行讨论和表决，并没有严格的"公""私"区别，既包括战争、条约、外交、财政、法律、流放等重大事务，也包括宗教、喜庆、摆渡等不大不小的议题。第三，公民大会是相当频繁的，每年至少要召开40次大会，每次的会期是5个小时。所有合法的公民均有权在大会上发言，阐明自己的主张，并参与辩论和表决。雅典人把这一权利称为"平等的发言权"。也就是说，每隔不到10天时间，雅典的公民就会聚集在一起，叽叽喳喳共商国家的大小事，并表决做出决策。现在很多学者反思西方的选举民主，提出民主的出路在于商议式民主。其实在雅典民主中，商议就是一个非常重要的环节。以前说"国民党的税多，共产党的会多"，看来共产党的"会多"与雅典式民主倒是有一脉相承的地方。第四，既然公民大会如此重要，它必须达到法定最低人数才能开会，一般认为，至少要有6000人来开会，这个会才是合法的，因为当时规定一些法律至少需要6000票方能获得通过。如果参加公民大会的人太少，就派警察到各家各户把人抓去开会。这说明，当时民主不仅仅是权利，而且是一种义务。在今天西方民主里面，民主往往更多的是一种权利，比如说投票权。在一些国家，自己爱投票就投票，不爱投就不投，所以投票率是非常低的。当然也有一些国家把投票作为一种义务，强制公民投票；这种体制安排的历史沿革就可以追溯到雅典时期。总之，在4万公民中，每次能有6000人参会可以说是个很高的比例。就参与的广度而言，这是现代民主政治所无法比拟的。这才真正体现了"主权在民"的原则，虽然这个"民"是打了折扣的"民"。

公民大会的规模显然有点太大，也不是每天开会，因此需要一个常设机构。这就是雅典民主的另一个重要支柱，五百人议事会。它不是现代意义上的政府首脑及其下属行政机构，而只是公民大会的常设机构。任何公民都有权经五百人议事会向公民大会提出建议与议案。五百人议事会最重要的职能是安排公民大会的所有议程，包括起草议案，预先审查提交公民大会的议案，召集并主持公民大会。对五百人议事会拿出来的方案，公民大会可以接受，也可以拒绝或要求它进行修改。此外，在两次公民大会的休会期间，议事会是大会最高权力的代表，负责监督行政官员落实大会决议。作为公民大会的常设机构，议事会每天都在雅典亚哥拉市集中的大会堂内召开会议，只有节日和不吉利的日子除外。据统计，雅典每年大约有75天节日和15天不吉利的日子,所以议事会每年至少要开260天会。

那么议事会的500位成员从何而来呢?首先,当时雅典有10个部落,每个部落可以产生50位议员,加在一起就是500人。其次,这些议员不是选举出来的,而是从年满30岁的自愿候选人(当然必须是公民)中抽签抽出来的。原始的抽签方式是在预先准备好的罐子中放入与其席位相等的白豆和一定数目的黑豆,凡抽到白豆者为议员。公元前4世纪以后,抽签石盘代替了抽签罐。再次,和其他官员一样,五百人议事会的议员任期是一年,不得连任,而且每个公民一生也最多只可以担任两次议员,其目的是让尽可能多的公民直接参与国家管理。这与现代很多国家的议会被大量连选连任的议员"专业户"占据形成鲜明对比。资料显示,当时曾经两次担任五百人议事会成员的例子其实并不多。这就意味着,以30年为一代,每代人之中,大约15000人有机会直接参与管理城邦的日常事

雅典的抽签石盘

务。公民不仅参与政治生活，而且直接参与国家管理，这是现代民主难以比拟的。最后，当议员并没有太多油水。最初，议员完全没有津贴，纯粹尽义务；后来，它才变成有给职。亚里士多德时期是每天5个奥波尔，而一个工匠一天至少可赚1个德拉克马（1个德拉克马等于6个奥波尔），熟练工更可赚到2至2.5个德拉克马。所以，议员的薪酬不过是象征性的补贴而已，这一点也与现代代议士的高薪形成鲜明对比。

为避免机构臃肿降低工作效率，议事会内部进一步以部落为单位设置十组五十人团，每组在一年十分之一的时间里（35天或36天）服务，轮流执掌雅典政务。十个部落担任五十人团的次序由抽签决定。当政的五十人团则每天抽签选出一人担任主席，其职责是全日待命以应付突发事件，主持该日的五百人会议；如果当日举行公民大会，他也必须负责主持公民大会。主席的任职期限为一天一夜，不得延长，且一个公民一生中只能担任一次。这种制度安排把"官员任期应尽量短暂"的理念发挥到了极致。

在公元前400年前后，议事会又进行制度创新，设立了九人委员会。在公民大会或五百人议事会开会的日子，当值的五十人团主席以抽签方式从其他九个部落各选出一人，再以抽签选出其中一人为总主席。九人委员会的主要职责是检查五十人团拟订的议程。这种制度安排象征着议事会是全体公民的代表，体现了部落间的平等，因为九名成员来自另外九个部落，每一任主席团实际上包括了所有十个部落的代表。这有利于打破某一个部落对权力的垄断，防止权力过于集中，哪怕这种垄断只是短暂的。

抽签不仅在公民大会和五百人议事会的运作中至关重要，它也是产生其他官员的主要途径。除了十将军等少数需要专门才能的官员由公民大会选举产生且能连任外，其他所有官员均需从年满30岁的公民中抽签选出，没有经验、技能或财产资格的限制。不过，一切官员的报酬都是统一的，任期一年，且不得连任。抽签不同于选举，选举看似机会均等，实际上偏袒占有资源优势的人；而抽签完全是随机的，每一个人被选上的机会是同等的。

雅典民主的第三个支柱是作为司法机构的民众法庭，其体制特征也是一切由人民的多数说了算。当时没有专业的法官，也没有专业的律师。如果有人被指控犯了法，就要由200多位公民组成的民众法庭来进行审判，他们既是陪审员，也是审判员，并且根据多数票来断案。当时苏格拉底由于不相信雅典人信奉的神，希望引进新的神，而且据说他还腐化年轻人，结果被陪审团认定为有罪，最后被判决死刑。从当时的记录来看，有281人说他有罪，220人说他没有罪；361人判他死刑，140人反对，最后苏格拉底被处以死刑。所有30岁以上的公民都应该履行当陪审员的义务；如果他担任陪审员耽误了工作，减少了收入，就要进行一定的补偿。这些陪审员也不是选出来的，而是随机抽签产生的。现代各国法院系统挑选陪审员往往延续了抽签的方法。陪审员虽然不是专业法律人士，但他们的作用非常大，因为判断一个人有罪无罪由陪审员来判断，法官则是依据法律决定刑罚。

除了民众法庭外，公民大会本身也可以扮演特别法庭的角色。这就不能不提到雅典的陶片放逐法。这实际上是一种逆向选举：谁被选上了，就会被流放。实施陶片放逐要经过公民大会两次投票，第一次投票决定当年是否需要实施放逐，如赞成的公民达到6000人，则择日启动第二次投票，确定具体放逐何人。第二次投票时，投票者在选票——陶罐碎片——较为平坦处，刻上他认为应该被放逐者的名字，投入票箱。得票最多的人即为当年放逐的人选，放逐期限为10年（一说为5年）。被放逐者无权为自己辩护，须在10日内离开城邦。直到放逐期满，被放逐者回城后，他的公民权和财产权才会恢复。陶片放逐法的主要目的是为了防止出现危及民主制度的个人权威，因此，"当选"的人往往是那些最具有声望的人，如雅典著名政治家、军事家阿里斯提德。据说在投票的当天,一个目不识丁的市民请求阿氏帮他在陶片上写下"阿里斯提德"。阿里斯提德随即问那个市民何以要放逐这个人,那个市民答道:"他没有做错什么,我甚至还不认识这个人;不过,我实在讨厌到处听到人们称赞他为'公正之士'。"

从上面的介绍,我们看到,雅典的民主具有两面性。一方面,就民主的"民"而言,雅典的民主有很大的局限性,因为那时能做"主"的"民"只是人口的极少数。另一方面,就民主的"主"而言,当时的"民"的确能在很大程度上做"主"。在1995年出版的《民主是个好主意》一书中,罗伯特·勃朗宁有篇文章讨论"古代雅典到底有多民主?"。他认为:"雅典人把整个国家都政治化和民主化了……虽然并不是每一个公民参加所有的会议,但是一般来讲会有平均约6000人参加会议。人民确实在很大程度上把决策权掌握在自己的手里。"[1]我们大概可以同意他的判断。

如果将雅典民主与当代民主进行对比,就会发现今天民主中的很多东西是雅典民主中所没有的。第一,雅典民主没有选举产生的政府,当时绝大多数议员和官员都不是选举出来的,而是采用随机抽签的方式产生的。第二,雅典民主没有代议制机构,因为它实行的是公民直接参与,而不是依靠少数代议士充当中间环节。第三,雅典民主没有政党,实际上,无论中外,最初"党"都是个坏字眼,政党制度刚产生时曾受到人们的广泛置疑,大家都认为政党不是一个好东西,直到20世纪上半叶才开始有人讲政党是民主体制必需的。

雅典民主消亡后,其民主传统便中断了。有人把在公元前509年至公元前27年之间出现的罗马共和国看作民主政体,这恐怕缺乏理论和经验的证据。

---

[1] Robert Browning, "How Democratic Was Ancient Athens?" in John Koumoulides, eds. *The Good Idea: Democracy and Ancient Greece* (New Rochelle 1995), p.58.

共和体制的英文是 Republic，原意是"人民的公共事务"。作为一个描述政治体制的名词，说清它的确切含义并不容易。比较容易的是回答共和制不是什么。君主制不属于共和制。这一点在清末立志推翻帝制的义士仁人那里是很清楚的。共和制是否就是民主制呢？罗马共和时代的人并不愿意采取"民主"这个词来称呼自己的体制。连本为希腊人，后来成为罗马制度拥戴者的历史学家波里比阿也对希腊城邦的民主制度相当厌恶，而他最推崇的是罗马人那种吸收了君主制、贵族制和民主制三种体制优点，但据说又避免了它们缺点的混合政体——共和政体。这说明两点：第一，当时认同罗马共和国的人认为自己的体制与雅典的体制不同；第二，他们认为民主不是一个好东西，不消与之为伍。那么，罗马共和国到底是不是民主的呢？

罗马共和国的正式名称是"罗马元老院和人民"（Senatus Populusque Romanus），主要由元老院、执政官、民众会议三层机构组成。从罗马共和国的名称看，"元老院"的重要性便不言而喻，其成员是不同于"罗马人民"的贵族阶级。元老院名为咨询机构，实际上掌握着广泛的实权，是罗马共和国最高权力之所在。它的成员只有300人左右，既不是抽签产生，也不是选举产生，并且实行终身制，"罗马人民"对他们的进退没有任何影响。两位执政官是政府首脑，由百人组会议选举并经元老院批准，任期一年，十年内不得连任，且全无薪俸报酬。不拿报酬听起来很动人，这实际上剥夺了为生活而忙碌的广大贫穷公民当选的资格。民众会议并不是一个组织，而是有四个组成部分：区会议（Comitia Curiata），百人组会议（Comitia Centuriata），部族会议（Comitia Tributa），以及平民会议（Concilium Plebis），其作用都十分有限，且为贵族所把持。如百人组会议中"百人组"指的是一种投票群体。当时罗马把人民划分为193个百人组，它们依占有财产的多寡分属六个阶级。虽然名为"百人组"，它们不一定刚好由100人组成。贵族的组也许只有100人，而所有财产达不到一定额度的罗马穷人都被塞进了最后 5 个组。在很长时间里，第一阶级（骑士与元老）就囊括了头 98 个百人组，而百人组会议的投票并不是以公民个体为单位，而是以百人组为单位。这样一来，贵族不需要其他阶级的支持就可以稳居多数。此外，百人组会议以阶级地位的高低来安排投票的先后顺序，一旦有 97 票支持或反对，便停止投票。这就意味着，穷人组成的百人组很少有投票的机会。

我们并不否认，在罗马共和国的某些时期，公民参与有所扩展，但这并不妨碍元老院对整个国家的控制。因此，可以肯定地说罗马共和国根本不是什么民主，而是贵族共和国。也许 19 世纪德国历史学家特奥多尔·蒙森（Theodor Mommsen）的判断更为准确。他认为，罗马共和国开始是贵族制，后来变成了寡头制。事实上，在过去 100 多年里，大部分欧美学者都对罗马共和国是民主政体的说法嗤之以鼻。[1]

从罗马共和国消亡直到 18、19 世纪这近 2000 年间，世界上不少地方都出现过某种形式的议会或某种形式的选举。前者包括冰岛的 Althing，斯堪的纳维亚国家的 Thing of all Swedes，爱尔兰的 Tuath，斯拉夫国家的 Veche 和 Wiec，波兰的 Sejm，中世纪意大利、瑞士、佛拉芒和汉萨同盟的城邦，英国的议会等；后者包括 6 世纪以前依信徒的拥戴程度遴选基督教会的主教、由红衣主教团选举教宗、行会选举会长、某些议会和城邦里的选举等。这些议会和选举也许在不同程度上限制了皇权、王权、教权、领主权，但议会几乎毫无例外地由贵族把持，且多不具有立法机构的权力与职能；选举几乎毫无例外地成为极少数人的游戏。与其说这些是民主体制，还不如说它们是典型的寡头制。我们这样说不是苛求古人，而是要指出一个简单的事实，有选举和议会的地方不一定就是民主的。

---

[1] Allen M.Ward, "How Democratic Was the Roman Republic？" *New England Classical Journal*, Vol.31, No.2（2004）: pp.101-119.

## 二 古典政治理论家的民主观

今天世界上几乎所有的政权都自称是民主国家。这里暗含着的一个前提是,大家都接受民主是一个好东西,因此哪怕不是民主国家也要说成是民主国家。但是,19、20世纪以前的人们是怎么看待民主的呢?

前面提到"民主"(δημοκρατία)一词来源于希腊语的δήμος(人民)和κρατος(强权),而κρατος原为一个粗鄙的词。因此,"民主"这个词很可能是对民主的蔑视者所发明的。在很长时期里,"民主"意味着乡巴佬的统治,是一个非常"肮脏"的词汇。

当然,在古典时期的希腊,人民大众以及部分政治家深信,民主是一种理想的统治方式。伯里克利在雅典阵亡将士国葬典礼上的演说便是对雅典民主制度的一曲颂歌。更多的政治领袖和思想家对民主则爱恨交加。例如,修昔底德在《伯罗奔尼撒战争史》中记录了锡拉丘慈一位政治领袖的话:"有人说民主既不慎重又不公平,那些有财产的人才应该是统治者。但我首先要说的是,民主是全体人民的,寡头制仅仅是为了一少部分人;其次,有钱人最会理财,聪明人能提出最好的建议,而大多数人则是最好的审判官。民主制度就是为所有这些人提供了最大的平等。"不过,有产阶级和大多数知识精英大都不喜欢民主。

古代能舞文弄墨的文士都来自精英阶层,在他们看来,赋予没有受过教育的穷人以权力是愚蠢的。他们并不把民主看作一种允许所有人享有同等政治权利的公平的制度,而是把它看作数量占多数的穷人对富人横行霸道的制度,是一种群氓政治。有产阶级和知识精英反对民主有两个主要理由。第一,大多数人是无知无能的,他们对问题的看法很难有正确的时候。而政府治理是一种艺术和技能,必须委托给那些聪慧精明的人。不过,聪慧精明的人永远是少数。在有产阶级和知识精英看来,普通人拥有的那类知识根本算不上是什么知识,顶多算是种观点,而且基本上是未经深思熟虑的观点或错误的观点。第二,由于大多数人是无知和愚蠢的,他们很容易受人蛊惑、摆布。因此,群众很难对事物有长远的、持续的看法。他们的短视、自私、浮躁最容易被无耻的鼓动家利用。基于这两个理由,有产阶级和知识精英得出结论:多数人或群氓一旦获得参政的权利就会变成集体暴君。

在公元前420年前后,某位反对民主政治的雅典人撰写了一本批评雅典民主的小册子,他被现代学者称之为"老寡头"。这个"老寡头"写道:"在每一个国家,贵族和民主总是相对立的。贵族最有控制能力,最为公正,因而是最道德的,而人民总是无知、卑鄙和没有秩序的,贫穷和缺乏教育导致了他们低下的道德水平。"关于雅典人的政治体制,"老寡头"明白表态:"我并不赞成他们所选择的这种制度,因为这样的选择意味着,他们选择维护低贱者的利益,而不是高贵者的利益。为此我不赞成这一制度。"

这位匿名批评者也许是个无名鼠辈,但大名赫赫的批评者也大有人在。有一位政治理论家甚至讲过这样的话:"几乎可以这样讲,政治理论的发明就是为了去展示那种人民自己统治自己的民主必定演变成一种暴民的统治。"

反民主的政治理论最起码可以追溯到苏格拉底(公元前469—前399年)。由于苏格拉底没有留给我们任何文字,所以我们必须从其弟子的追述中去寻觅他思想的踪迹。柏拉图在早期的对话录中记录了苏格拉底的两次对话。一次,苏格拉底力图说服某人,做决定时不应该受民意的左右,因为民众大多是无知的,他们的意见不值得采纳。在另一个场合,一位诡辩家试图证明修辞是讨论政治问题的一个重要工具,苏格拉底反击说,修辞只会对无知的人产生作用,有可能让他们改变主意,而对于那些真正的贤人,修辞根本起不了什么作用。苏格拉底接着说,雅典民主制度的权力就集中在那些没有主见的群氓手中,而不是由贤人操控。苏格拉底认为"民众没有任何关于善的知识",因此,他不可能"附和民主原则和民众主权"。

色诺芬(Xenophon,公元前427—前355)在《苏格拉底回忆录》里也记载了两段话,体现出苏格拉底和他自己对普通民众和雅典民主的轻视。在一段对话里,一个年幼无知的孩子问他的监护人伯里克利:"什么是法律?"当时政治影响如日中天的伯里克利答道:"凡是人民决定和颁发的东西都是法律。"小孩不解地追问:"难道当人民像暴君一样践踏少数人的观点时,他们的决定仍然算是法律吗?"伯里克利回答:"当然。"小孩据此得出结论,"民主实际上就是另一种形式的暴政"。在另一段对话里,苏格拉底鼓动柏拉图的叔父投身政治活动,当后者表示在公众面前讲演感到害羞和紧张时,苏格拉底大发了一番议论:"你既不怕那些最聪明的人,也不怕那些最有权势的人,想不到你却如此谦卑,以至于不敢在那些最愚蠢、最无足轻重的人面前演讲。你到底怕的是谁?是那些洗衣匠、鞋匠、木匠、铁匠?还是那些农民、商人?还是那些在市场上低价买进、高价卖出的二道贩子?公民大会就是由这类货色组成的。"苏格拉底对普通民众与雅典民主制的蔑视由此可见一斑。

苏格拉底的学生柏拉图(约公元前427—前347)也深信,只有哲学家才能充当统治者,普通民众没有能力也不适于管理国家。柏拉图认为,一个理想社会应当由三种人组成:监护者、辅佐者和被统治者。前两者构成社会的统治阶层,后者是普通劳动人民。监护者只能出于统治阶层内部,他们接受过最好的教育,因而是最聪明、最有智慧的人。因为只有他们才能做出最明智、最有利于国家的决策,他们应当行使国家的最高权力。辅佐者掌握军队、警察,他们负责执行监护者的指令。为了给自己的偏见制造借口,柏拉图还编造一套荒唐的说辞:"在这个社会里,你们都是兄弟。但当上帝创造你们的时候,他在那些有资格成为监护者的人中加入了金,在有资格成为辅佐者的人中加入了银,而在农民和其他劳动者中加入了铜和铁。"如果这三个阶层各司其职,监护者统治国家,辅佐者保境安民,农民种田,鞋匠做鞋，各部分实现和谐一统，那么这个社会就完美了。这种政体，他称之为贵族制（Aristocracy）。

与贵族制相对应的是四种不完美的政体，即军统制（Timocracy）、寡头制（Oligarchy）、民主制（Democracy）和暴君制（Tyranny）。划分不同政体的标准是政权中统治者的特征（见图表1-1）。Timocracy这个词在字典里已经找不到翻译了，我这里姑且译为"军统制"，因为它意指由武士统治的政体，其统治者的特征是爱好胜利与荣誉。在柏拉图看来，这是次好的政体。第三好的是寡头制，其统治者的特征是爱钱，所以已经不太好了。不过，民主制还不如寡头制，只能屈居第四。穷人是民主制里的统治者，他们的特点是热爱自由。这是一种很不好的体制。最差的政体当然是暴君制，即由一个贪恋权力的暴君进行统治。从柏拉图对不同政体的排序来看，民主虽然不算是最差的，但也仅仅比暴政好一些，算不上是个好东西。

图表1-1　柏拉图的政体类型

| | 政权类型 | 统治者的特征 |
|---|---|---|
| 最好 | 贵族制 | 慈善正义的人 |
| ↓ | 军统制 | 热爱胜利和荣誉的人 |
| | 寡头制 | 热爱金钱的人 |
| | 民主制 | 热爱自由的人 |
| 最坏 | 暴君制 | 热爱权力的人 |

柏拉图为什么不喜欢民主？因为，民主制度是一种"无政府状态的花哨的管理形式"。柏拉图认为，民主有一个假设前提，即政治太重要了，因此就不能把它留给专业的政客来处理，而应该让每一个人都参与。但是柏拉图认为这个理念是错误的，因为它不允许分工。没有分工，就没有专业化，其后果是政治变成一种毫无效率的东西。他认为，民主制就好像一艘没有舵手的大船，难以应付波涛汹涌的大海。在民主

制下，任何人都可能参与国家政治生活并做出重要的决定，因此，每个人都自以为是，不再尊重权威，不再顾及他人的安危。如此一来，所有的行为规范都不复存在，整个社会很容易陷入一种极端的无政府状态。"父亲尽量使自己像孩子，甚至怕自己的儿子，而儿子也跟父亲平起平坐，既不敬也不怕自己的双亲，似乎这样一来他才算自由人……教师害怕学生，迎合学生，学生反而漠视教师和保育员。年轻人普遍地充老资格，分庭抗礼，侃侃而谈，而老一辈的则顺着年轻人，说说笑笑，态度谦和，像年轻人一样行事……买来的男女奴隶与出钱买他们的主人同样自由，更不用说男人与女人之间完全平等和自由了。"在柏拉图看来，社会必须尊卑有序，上下有别，否则就乱了套。他为了诋毁民主，甚至耸人听闻地说，在民主制下，"连人们畜养的动物在这种城邦里也比在其他城邦里自由不知多少倍。狗也完全像谚语所说的'变得像其女主人一样'了。同样，驴、马也惯于十分自由地在大街上到处撞人"。危险在于，这种极端的自由一定会造成派系斗争，并最终产生极权暴政。民主不是好东西，这就是柏拉图希望人们得出的结论。

柏拉图的学生，亚里士多德（公元前384—前322）也对政体进行了分类，不过他的分类跟老师的分类有些不同之处。亚里士多德的分类有两个标准：一是统治者的数量，即统治者是一个人、少数人，还是很多人；二是统治者的价值取向，是为了公众利益，还是为了自己的利益。按照这两个标准，他将政治体制划分为六种（见图表1–2）：君主制、贵族制、共和制、暴君制、寡头制以及民主制。亚里士多德对民主有一个描述性的定义，即这个词适用于一种穷人控制政府的体系，而这类人往往是社会里的大多数。这种政体除了由多数人统治这个特征外，另一个特征是，多数人关心的都是一己之私。由于在民主制下，政事的裁断不取决于法律，而是取决于群众，这种平民政体"包含着专制君主的性质"，简直"不能算是一个政体"。因此，与他的老师一样，亚里士多德也认为民主是一个坏东西，而不是好东西。

图表1-2 亚里士多德的政体类型

| 统治者数量<br>价值取向 | 一人统治 | 少数人统治 | 多数人统治 |
|---|---|---|---|
| 为了公众利益 | 君主制（Kingship） | 贵族制（Aristocracy） | 共和制（Polity） |
| 为了私人利益 | 暴君制（Tyranny） | 寡头制（Oligarchy） | 民主制（Democracy） |

由于厌恶民主，反对民众参与政治，亚里士多德讨厌那些积极参与政治的商人与工匠。于是我们看到，亚里士多德在他的名著《政治学》中这样写道："农民是最好的公民——因为没有太多的财产，所以他们总是忙于生产，极少参加公民大会。同样也由于他们缺少生活的必需品而不得不整天在田间劳作，他们也不贪图别人的东西，他们在劳动中获得更多的满足，只要从参与政治生活中得不到更多的好处，他们就对参与公共事务和统治国家没什么兴趣。他们中的大多数都只想赚钱而不是为了名和誉。"他言下之意很清楚，不参与政治的公民是好公民。稍微引申一下，可以得出结论：允许一般老百姓参与政治的政体绝不是一个好政体；国家只需要由少数聪明的贤人来管理就万事大吉了。

说到底，柏拉图和亚里士多德都深信，人天生就在智力和道德上不平等，政治制度的设计必须反映这种天然的不平等。雅典的民主制度赋予所有公民相同的政治权利，这从根本上违背了人类社会天然的金字塔结构，从而无法维持一个国家的长治久安。

历史学家也加入了批判民主政治的行列，两个突出的例子是修昔底德（Thucydides，约公元前460—前400）和波里比阿（Polybius，约公元前204—前122）。在修昔底德的《伯罗奔尼撒战争史》中，他虽然没有直接说明民主不是一个好东西，但他提供了雅典民主导致败坏、堕落、滥权、不讲法治、压制富人的大量事实。对民主政治的失望和恐惧已呼之欲出、溢于言表。波里比阿对民主的批评更直截了当。他认为,民主是建立在不讲原则的平等和自由之上。这种体制的内在逻辑决定它最多能维持两代人。到了第三代,"人民已经习惯于依靠他人和依靠他人财产为生,一旦他们发现一个富有野心但被排除在官职荣誉之外的领袖,他们就会确立暴力统治,把自己的力量联合起来进行屠杀、流放和抢劫,直至他们再度堕落成彻底的野蛮人,并再度确立一个新的君主为止"。

西塞罗(公元前 106—前 43)是罗马共和国晚期最有影响的政治家和思想家。他在西方政治思想史上的地位大概仅次于柏拉图和亚里士多德,被认为是沟通古代希腊与欧洲中世纪乃至近代的桥梁。西塞罗推崇雅典的文明,但不喜欢雅典民主。与柏拉图一样,他认为把地位不等的人置于同等的位置上,这种"平等实际上是最大的不平等"。人民是浑浑噩噩的,民主制给他们过多的自由,必然会使他们变得盲目、任性、放纵、蔑视法律、不服从任何统治者。"他们高声呼喊说,他们既不愿服从一个人,也不愿服从少数人;声称没有什么要比自由更为可爱,即使对野兽来说也如此;还声称一切奴隶,无论是属于一个国王还是属于贵族集体,都是被剥夺了自由的人。"在西塞罗看来,正是民主带来的无序与混乱,才使得雅典失去了昔日的辉煌与繁荣。在他的心目中,理想的政体是融"君主对臣民的父爱、贵族议政的智慧和人民对自由的渴望"于一体的混合政体,"对人民自由的让步必须以保持贵族意志能够实现为限"。

进入公元后,在罗马帝国的版图不断扩大的年代里,"民主"已被人淡忘,西罗马帝国灭亡后,欧洲陷入"中世纪黑暗时代"。在中世纪,无所不在的上帝用他巨大的身影彻底淹没覆盖了"民主"。如果偶尔还有人提起"民主"的话,它不过是被抨击的对象。例如,中世纪最重要的思想家托马斯·阿奎那(1225—1274)曾这样谈论民主:"不义的政治可以由许多人行施,那就叫作民主政治;当平民利用他们人数上的优势来压迫富人时,这种政治就是暴民统治。在这样的情况下,整个下等社会变成一种暴君。"换言之,民主政治不过是暴民政治的别称。

发源于14世纪意大利、延续至17世纪的文艺复兴掀起了搜寻、整理、学习和研究古希腊、古罗马精神遗产的热潮。文艺复兴时期的思想家反对中世纪的禁欲主义,主张个性解放;反对蒙昧主义,提倡科学文化;反对神权,肯定人权。但民主却没有引起他们的兴趣。对现代政治哲学的奠基人马基雅弗利而言,最理想的政体形式是罗马式的共和政体。在被称之为"共和主义手册"的《论李维》(*Discourses on the Ten Books of Titus Livy*)一书中,马基雅弗利表明,他既不信任权力不受限制的君主,也不信任行为不受约束的"人民"。在他看来,雅典的民主政体与波斯的君主政体都比不上罗马的共和政体。要达到长治久安的目的,一个政体必须在君主、贵族、人民三种要素之间维持平衡。马基雅弗利的"共和"与"民主"的最大区别在于,不能让人民当家做主;人民的所作所为必须受到君主与贵族的引导和制约。不仅马基雅弗利对民主心存恐惧,文艺复兴时期的主流思潮也认为"民主主义"不过是"愚民、暴民"统治的代名词。

从17世纪下半叶开始,欧洲有更多的思想家开始对君权神授说提出质疑,他们主张宗教宽容、个人自由,提出天赋权利、自然法、契约论等学说,由此拉开了启蒙运动的大幕。那么,那些我们耳熟能详的启蒙时代思想家是如何看待民主的呢?

虽然,出于种种原因,有人将这些思想家视为法国大革命的先驱,实际上,熟悉古希腊史的他们往往对民主政体十分反感。

英国伟大的政论家、诗人弥尔顿(1608—1674)在其《为英国人民声辩》一文中大声疾呼:"对于暴君,人民有权反抗。""人民的权力至高无上。"在他看来,国王的权力必须是人民授予,如果国王不遵守人民的托付,那么"权力就必须还给人民","一切权力的源泉一向是来自人民"。那么他拥护民主吗?恰恰相反,他认为必须由少数开明者强迫多数人接受自由；不然的话，多数人可能出于卑劣的动机迫使少数人成为奴隶。

英国的洛克（1632—1704）虽然强调个人自由和个体权利，但对"平等"只是一笔带过，对民主并没有好感。他在日记中写道，由于大多数人沉迷于激情和迷信，人类的未来不能由多数人掌握，只能由开明者掌握。对他而言，最重要的"天赋人权"是财产权；"政府除了保护财产之外，没有其他目的"。

在法国，皮埃尔·贝尔（1647—1706）算是伏尔泰的前辈，在他笔下，雅典民主呈现出一幅可怕的画面："公民大会喧闹不已，派系撕裂城邦，演说家躁动城邦，暴烈而无知的群氓将最有智慧的公民判刑、流放甚至处以死刑。看到这些，结论很清楚，标榜自由的人民实际上是一小撮阴谋家的奴仆。那些擅长蛊惑人心的政客由着自己的性子一会儿指东，一会儿指西，就好像海浪随风起起落落一样。"

在法国的启蒙运动中，百科全书派是一面色彩鲜艳的旗帜。这个学派的思想家也许关心个人自由，反对教会干预，但就其政治倾向而言，他们比较保守，接近自由派贵族，主张开明君主制。

孟德斯鸠（1689—1755）激烈地抨击专制政体，因为"专制政体的原则是恐怖"。但这并不意味着他是民主政体的拥护者。他认为，在民主政体下，平等精神会走向极端。由此产生的一窝窝小暴君们与单一暴君一样可怕。而且，很快自由就会消失，单一暴君就会出现，人民就会丧失一切。真正受到孟德斯鸠青睐的是当时英国那种"有节制的""宽和的"君主政体，只不过必须建立宪制对君主的权力做必要的制约，以保障人民的自由。

伏尔泰（1694—1788）主张"人人自由，人人平等"。那么什么是"平等"呢？在他看来，"一切享有各种天然能力的人，显然都是平等的"。这并不意味着在财产上、社会地位上的平等。"每一个人在内心深处都有权认为自己与其他的人完全平等；但是并不能由此便说，一个红衣主教的厨子应当命令他的主人给他做饭"。至于民主,他认为,这种政体"只适用于非常小的国家。即便如此,它也会不断出错,因为它是由人构成的。相互倾轧在所难免,就好比女修道院来了一群男教士"。对伏尔泰来说,启蒙之所以必要正是因为大多数男人愚昧无知,女人更是不可救药;他们不经过深思熟虑就做出判断,不经思索就随意发表意见;真正受到理性光辉照耀的人只是凤毛麟角。

狄德罗(1713—1784)则更直截了当,认为一个种族的未来不能掌握在多数人手里。像其他启蒙派一样,他憎恨专制的君主和愚昧的教士,但并不想把国家的未来寄托给在他看来浑浑噩噩的人民,而是想把未来抓到像自己一样有教养的人手里。狄德罗为《百科全书》写的"民众"条真实地披露了他的心态:"你们要当心民众在推理和哲学方面的判断,民众的声音在此时是恶意、愚蠢、无情、不理智和偏见的……民众是愚蒙与迟钝的。"

在那个时代的思想家中,卢梭(1712—1778)恐怕是少有的例外。1762年,卢梭发表了《社会契约论》一书,意在确立人民主权理论。他认为,人民订立契约建立国家,因此人民是国家权力的主人,凡是未经人民直接参加而制定的法律都属于无效。卢梭倾向于直接民主制,他对英国当时的议会制有一段精辟的评论:"英国人自以为是自由的,他们是大错特错了。他们只有在选举国会议员的期间,才是自由的;议员一旦选出之后,他们就是奴隶,他们就等于零了。"这里需要加一个注脚,在1761年,即《社会契约论》问世前一年,全英国700万居民中,只有25万选民,仅占居民总数的3.57%。对卢梭的民主倾向,也不是完全没有可疑之处。卢梭自己说,"就民主制这个名词的严格意义而言,真正的民主制从来就不曾有过,而且永远也不会有",因为"多数人统治而少数人被统治,那是违反自然的秩序的"。与伏尔泰一样,他认为基于人民主权的政体制适用于那些人口规模很小的国家;同时他认为,民主只适用于民风淳朴、道德高尚的人群。但他反对向大众进行启蒙或教化，因为那样会造成全民的腐化。当波兰人请他设计一份民主的宪法时，他却劝告波兰人选择世袭君主制。

在德国，康德（1724—1804）也认为民主是一种不合理的政治制度（illegitimate form of government），因为它不是建立在从事物的永恒秩序中生发出来的理智和正义之上，而是多数人随性而为（caprice）的结果。

现在，人们一般把法国革命看作现代民主的起源，但"民主"这个词在当时并不常用。写在法国革命旗帜上的是"自由、平等、博爱"。尽管如此，法国大革命后，有产者对民众的能量仍心有余悸，他们把法国革命看作是"民主"发作的结果，于是一时间"民主"被当作了财产掠夺、暴民政治、红色恐怖的代名词。正当革命风起云涌时，柏克（1729—1797）就开始诅咒法国这种"纯粹的民主制"正在"沿着一条笔直的道路迅速地变成一种有害而不光彩的寡头政治"，并破口大骂"纯粹的民主制就是世界上最无耻的东西"。苏格兰哲学家麦金托什（James Mackintosh，1765—1832）在1818年预计，如果劳动阶级获得选举权，"结果必然是舆论与财产之间永恒的对立"。大卫·李嘉图（David Ricardo，1772—1823）认为，选举权只能赋予那些不会推翻私有产权的人。曾担任过一年法国首相的历史学家基佐（François Pierre Guillaume Guizot，1787—1874）在1837年也谈到了他对民主的担忧："民主……是多数下层人反对少数上层人的旗帜。这面旗帜有时是为了争取最合理的权利而举起，有时却是为了满足最残暴、最邪恶的激情而举起；它有时指向最不公正的篡权者，有时却把矛头对准最合法的权威。"在1842年，出身苏格兰贵族的历史学家麦考莱（Thomas Macaulay，1800—1859，此君也是鸦片战争前夕力主侵华的鹰派之一）更是极力反对宪章派提出的人民普选权要求，认为普选权意味着"私有财产以至整个人类文明的终结"。当时主流社会对民主的畏惧由此可见一斑。潮流所至，搞得在19世纪人们很难找到支持民主的思想家。这个现象让法国政治思想史家埃米尔·法盖

（Emile Faguet，1847—1916）十分感慨，"几乎所有 19 世纪的思想家都不是民主派。当我写《十九世纪的政治思想家》一书时，这令我十分沮丧。我找不到一个民主派，尽管我很想找到这么一位，以便能介绍他所阐述的民主学说"。[1] 马克思也在 1850 年断言，私有产权与全面普选是互不相容的。

在大西洋的另一边，"民主"这个词也一度在美国用语中销声匿迹。原来，独立战争（1775—1783）刚刚结束时，美国便遭遇了一场"谢司起义"（1786—1787）。此次起义引起了当时美国政界恐慌，他们把"所有的动荡都算在了民主的账上，迫不及待地以法律和正义的名义熄灭民主之火"。在这个背景下，1787 年的制宪会议成了一场 55 位保守派分子的聚会。随便翻翻美国制宪会议记录就会发现，这次会议是汉密尔顿、麦迪逊、莫里斯、梅森、格里、伦道夫等所谓美国"国父"对民主的声讨会。他们提到"民主"时，总是把这个词与"动荡""愚蠢""过分""危险""罪恶""暴政"连在一起。最后，他们起草的那份"文件"只有 39 人签署，13 个州总共不到 2000 人投票通过便把它变成这个新国家的宪法。说到底，当时那些积极参与建国的精英们要建立的并不是一个由人民直接参与治理的民主制度，这部宪法体现的也根本不是什么民主制，而是赤裸裸的罗马式共和制。例如，麦迪逊（1751—1836）在《联邦党人文集》第 10 篇里就极力鼓吹不要民主，而要建立一个"宪制共和"（Constitutional Republic）。如果仔细阅读第一任总统乔治·华盛顿和第二任总统约翰·亚当斯的总统就职演说，我们会发现他们把"自由政府"、"共和政府模式"或者"自由的共和政体"挂在嘴边，却从未提到"民主政府"或类似字样。第三任总统汤姆斯·杰弗逊从来不在他公开发表的文章中使用

---

[1] Gustave Le Bon, *The Psychology of Revolution*（New York：G.P.Putnam's Sons, 1913），p.284、287.

"民主"这个词,也从来不在公开场合把自己当成"民主派",只有他的反对者们才会用"民主派"来贬损那些支持杰弗逊的人。美国第四任总统詹姆斯·麦迪逊更直截了当:"政府若采取民主的形式,与生俱来的就是麻烦和不方便,人们之所以谴责民主,原因就在这里。"

在今天的人看来,"民主"与"共和"似乎是同义词。而在18、19世纪,这两个词的意思仍有天壤之别。前者是指人民参与治理国家;而后者只是禁止最高权力的世袭制。美国宪制安排的共和特征表现在西塞罗、马基雅弗利、孟德斯鸠都曾鼓吹过的,君主(以总统为代表)、贵族(参议院)和人民(众议院)三者之间的平衡。这个构想的理论基础是,"立法、行政和司法权置于同一些人手中,不论是一个人、少数人或许多人,均可公正地断定是虐政"。"把所有权力赋予多数人,他们就将压迫少数人。把所有权力赋予少数人,他们将压迫多数人。"因此,对所有权力的行使者都应该加以限制。为了防止多数人胡来,他们发展出一套平衡理论,说民主制、贵族制、君主制各有利弊,最好的政治制度是将三者混合在一起的制度。据说,如果一个制度只有民主的成分,它很容易酿成骚乱,出现无政府状态。只有加上贵族制特有的智慧和君主制特有的秩序,民主制的优点才能得到发扬,其弱点才能得以克服。[1]从民主的角度看,这种平衡的要害是限制人民行使权力。既然美国的国父们对民主很反感,他们当然不愿建立一个由众议院主导(或民意主导)的政体,而是希望用各种制度设计来削弱众议院的权力。

首先是分割立法权,效仿英国的上议院,并承袭古罗马元老院

---

[1] 英国第一任财政大臣、辉格党领袖罗伯特·沃尔波尔(1676—1745)说得很清楚,"君主、贵族和民主三种政府形式混合掺杂在一起可以带来三者各自的长处,同时避免三者潜在的危险"。的确,英国的代议制也是典型的混合政体:国王是君主制的象征,由世袭贵族和委任的各界名流组成的上院是贵族制的象征,经选举产生的下院是民主制的象征。前两者都是为了给鲁莽的民主激情套上辔头。很多英国论家相信,如果不保留君主制和贵族制的成分,英国的议会民主就难以运作。

（Senate）之名，设立上议院。上议院的功能是"一个抗御……反复与激情的必要防护"（詹姆斯·麦迪逊语）。华盛顿说得更形象："我们将（来自众议院的）法案倒入参议院的碟子里冷一冷。"这里的潜台词是，众议院容易发昏。既然参议院的角色如此重要，约翰·迪金森（John Dickinson）主张"国会第二议院应由最具身份、地位与财富的高贵人士所组成，与不列颠上议院越相似越好"。事实上，在美国成立后的头126年里（即直到1913年通过宪法第17条修正案），参议员都不是由民众选举出来的，而是由各州的立法机构遴选出来的。

其次是赋予最高行政首长——总统——"帝王般的权力"，使他的政治地位高于议会。在刚刚摆脱母国统治的美国，当时不少人对赋予总统太多权力心存疑虑，害怕大权在握的总统会将共和制演化为专制独裁的帝制。但美国的国父们却不为所动。他们担心的反倒是民主政体会导致行政部门软弱无力。他们主张集行政大权于总统一人，并强调"舍此，不能保卫美国免遭外国的进攻；舍此，亦不能保证稳定地执行法律；不能保障财产以抵制联合起来破坏正常司法的巧取与豪夺；不能保障自由以抵御野心家、帮派、无政府状态的暗箭与明枪"。美国国父们非常坦率地承认，美国总统的权力设置"与英国国王有类似之处，它也同样类似于土耳其皇帝、鞑靼可汗"。它与帝王的区别是不能世袭。宪法只赋予人民间接选举总统（先选出选举团，再由选举团选出总统）的权力，而没有罢免总统的权力。难怪本杰明·富兰克林说，美国新宪法确定的政体是一种"选出来的君主制"，托马斯·杰斐逊也附和说，它是"君主制的新版本"。

第三是赋予具有贵族色彩且不受民意影响的最高法院"宣布违反宪法明文规定的立法为无效之权"。本来在制宪会议期间，对最高法院这项反民主的权力争议很大，结果在宪法中没有加以规定。但到1803年，在对"马伯里诉麦迪逊"一案的判决中，联邦最高法院首席法官约翰·马歇尔就开创了最高法院审查法律合宪性的惯例，这个制度一直延续至今，成为美国宪制的一个重要组成部分。

美国建国时之所以在建立由选民选举产生的众议院的同时，还必须附加一些类似君主制和贵族制的机制（即由选举团小圈子推选的总统，由间接选举产生的参议院，以及不经选举产生的终身法官），可以说是为了阻止人民直接参与政治。不少人以为，两院制、三权分立是民主必不可少的组成部分。其实，这种设计的本意正是为了限制民主。立法权一分为二，立法、司法、行政三权分立，这样的制度设计彻底颠覆了议会主权、立法权至上的原则。查尔斯·比尔德在《美国宪法的经济解释》一书中说得一针见血："这种制度的经济意义在于，有产精英阶层得以凭借其资源和知识的优势，在必要时获得有利的立法，而不受国会内多数的控制。"除了横向的分权外，美国又创造了纵向的分权，即联邦制。美国国父们之所以这样煞费苦心地设计多重制衡机制，不是因为他们服膺民主原则；恰恰相反，像马基雅弗利一样，他们对民主的核心原则（多数原则）存在"一种政治的和哲学的担心"。说到底就是，为了保护少数人（亦即有产者）免受多数人（无产者）的暴政，他们拒绝信任人民。麦迪逊在《联邦党人文集》第63篇中说得很露骨，他认为未来的美国政府应该与古代民主不同，"完全排除以整体身份存在的人民，以免它染指政府事务"。英国历史学家阿克顿勋爵的评论很到位："美国的宪法不是民主革命和反对英国体制的产物，而是民主强烈反作用的结果，并且倾向于母国的传统。"

由此可见，从古希腊到19世纪上半叶的欧洲，社会上层精英一直把民主看作洪水猛兽。弥尔顿、洛克、伏尔泰、孟德斯鸠、康德这些我们耳熟能详的先哲们，都不把民主看作好东西。有产者担心，一旦允许大众参与政治，穷人势必会利用手中的权力要求剥夺富人的财产，然后挥霍一空。为了保卫自己的财产不受侵犯，有产者竭尽全力阻止民主的出现。知识精英认为让穷人来统治是愚蠢的想法，国家还是应该让那些专业的、出身高贵的人来统治。

有产者和他们的代言人对民主最大的恐惧是所谓"多数暴政"。客观上讲，有史以来，如果有什么"暴政"的话，在绝大多数地方和绝大多数时间里都是少数人对多数人的暴政。但有产者和他们的代言人对这个简单的事实视而不见，却对偶发的"多数暴政"大加鞭笞。从柏克到贡斯当（1767—1830），再到麦迪逊、托克维尔（1805—1859）、穆勒，他们都把相当大的精力放在"防止多数暴政"上。他们究竟害怕的是什么呢？他们害怕的是人民当家做主。贡斯当认为"平民统治只能是一种暴政"；托克维尔认为："'人民的多数在管理国家方面有权决定一切'这句格言，是亵渎神的和令人讨厌的。"与穆勒几乎同时的小说家福楼拜（1821—1880）对民众也十分恐惧，他说得有点赤裸裸："今后的剥夺个人自由的将不是专制君主，而是民众。"

那么，人民当家做主为什么这么可怕呢？因为它可能侵害少数人的财产权。托克维尔有句莫名其妙的话："民主政府的最终目的应当是对少数个人利益的保护。"看看他的上下文就很清楚，这里的"少数人"就是"有产者""债权人""富人""上层社会""知识精英"的同义语。穆勒特别强调"多数暴政"的一个表现形式是阶级立法。在任何国家的任何时期，富人都是少数，穷人都是多数，在许多问题上，这两个阶级的利益是完全对立的。穆勒害怕多数阶级会用立法的方式损害少数阶级的利益。此外，穆勒还认为，在任何社会中，知识精英永远是少数，但他们对社会的发展却起着独特的作用，多数对少数的暴政必然会排斥知识精英。但任何不带偏见的人都知道，历史和现实中的确有阶级立法，但大部分是代表少数阶级损害多数阶级利益的立法；历史和现实中的确都有阶级排斥，但大部分是少数阶级对多数阶级的排斥。可见，使用"多数""少数"这类词是一种障眼法，在19世纪大谈对所谓"多数暴政"的恐惧实际上反映的是资产阶级对工人阶级广泛参与政治的恐惧，是对无产者（即多数人）的统治可能否定资本主义财产权的恐惧，反对"多数暴政"不过是当时统治阶级以攻为守的一种策略。今天我们如果忘掉这个时代背景，不做阶级分析，盲目跟在所谓"思想大家"背后学舌，反对"多数暴政"，那真是荒谬、愚蠢之至。

但世界潮流浩浩荡荡，顺之则昌，逆之则亡。在19世纪，当主流思想家仍把民主看作坏东西的同时，人民大众对民主的要求却日益高涨。19世纪三四十年代，英国出现以争取男性普选权为主要诉求的宪章运动。1848—1849年间，法国、德意志、奥地利、意大利、匈牙利相继爆发民众广泛参与的革命。虽然这些运动都以失败告终，但它们大大震动了欧洲的精英阶层。此后这些阶层中的一部分人开始意识到民主潮流难以阻挡，托克维尔和穆勒便是其中的代表人物。托克维尔的观察是，"到处都在促进民主"。在托克维尔辞世那一年，穆勒（1807—1873）发出了这样的感叹：尽管知识阶级中没有人喜欢它，民主还是不期而至。他的判断是，民主潮流的兴起"并不是思想家们鼓吹的结果，而是由于几大股社会群体已变得势不可当"。精英一方面害怕民主，一方面认识到民众的民主要求难以逆转。在这种背景下，谈"民主"的人多起来，"民主变革"也接踵而至。当然有产者对民主怀有极大的戒心。他们迫于形势不得不面对民主潮流且战且退。但他们对自己的底线是十分清楚的，这就是要尽可能地维护私有产权。为此他们不得不"打着红旗反红旗"，用在民主前加漂亮修饰词的方法来阉割民主、驯化民主。我们常常看到"自由民主""宪政民主""代议民主""程序民主"之类的提法，实际上这些修饰词都不是随便加上去的，而是一些人刻意加上去的。每个修饰词都是对民主的限制。有意思的是，在典籍中充斥着对民主诅咒的时候，"民主"一词前面很少出现修饰词。一旦有产者和他们的代言人开始拥抱民主时，民主的本质没人谈了，大家谈的都是带修饰词的民主，而且修饰词比"民主"来得重要。

## 三 民主的异化

**"自由"和"宪制"限制了民主权威的适用范围**

现在人们听"自由民主"听多了,听顺了耳,往往以为"自由"与"民主"两者互为前提,不可分割。其实在很长时间里,这两者不仅被认为是不同的,而且被认为是相互对立的。

古典自由主义者在反抗君权、神权和封建贵族体制方面的确不遗余力,但他们争取的更多的是新兴资产阶级参与政治的权利,而不是真正的、普遍的政治参与权。自由是好东西,不过自由主义者未必有兴趣争取所有人平等享有自由的权利,并把民主当作自由的敌人。贡斯当是19世纪早期法国自由主义的代表人物。在1819年所作的《古代人的自由与现代人的自由之比较》的著名演讲里,贡斯当区分了古代自由与现代自由。他正确地指出,古代人所理解的自由是指公民充分地、直接地参与公共事务辩论与决策的权利。然而,在古代人全面参与共同体事务的同时,共同体也可以干预个人活动的几乎所有领域。那时人们还没有明确划分出一个私人领域。虽然"个人在公共事物中几乎永远是主权者,但在所有私人关系中却是奴隶;作为公民,他可以决定战争与和平;作为个人,他的所有行动都受到限制、监视与压制;作为集体组织的成员,他可以对执政官或上司进行审问、解释、谴责、剥夺财产、流放或处以死刑;作为集体组织的臣民,他也可能被自己所属的整体的专断意志褫夺身份,剥夺特权,放逐乃至处死"。因此,他把"无限的人民主权"看作一种邪恶。直接继承贡斯当衣钵的托克维尔也对无限的人民主权表示担忧,"上帝可以拥有无限权威而不致造成危险,但人世间任何人都不应拥有绝对权威"。追根溯源,他认为,"多数暴政"的制度基础是"人民的多数在管理国家方面有权决定一切"。托克维尔并不反对权力的合法性来源于多数的意志,但他极为憎恶"无限权威",因为"任何一个权威被授以决定一切的权利和能力时,不管人们把这个权威称作人民还是国王,或者称作民主政府还是贵族政府,或者这个权威是在君主国行使还是在共和国行使,我都要说,这是给暴政播下种子"。为此,他有一段著名的独白:"在思想上我倾向民主制度,但由于本能,我却是一个贵族——这就是说,我蔑视和惧怕群众。自由、法制、尊重权利,对这些我极端热爱——但我并不热爱民主。……我无比崇尚的是自由,这便是真相。"穆勒的看法与托克维尔大同小异。现代学者哈耶克也参与了对民主的声讨,他断言,"普遍盛行的民主制度所具有的致命缺陷是:无限权力"。

  为了解决多数暴政问题,贡斯当、托克维尔、穆勒的思路非常接近,那就是不仅要对专制的权力进行制约,对民主的权力也要实行制约,使无限民主变为有限民主(美其名曰"有限政府")。既然民主的最大危险来自于公共权力的无限性,为了削弱这种无限权威,就必须给公共权力规定一个明确和固定的界限,亦即把它限定在"公共领域"内,不得越雷池半步。与此相适应,划分出一个不受政治权威与社会干预的私人生活领域,强调个人的独立性,强调个人权利的不可侵犯性,以自由来规范民主,来限制民主的无限权威。用托克维尔的话来说就是"给社会权力规定广泛的、明确的、固定的界限,让个人享有一定的权利并保证其不受阻挠地行使这项权利,为个人保留少量的独立性、影响力和独创精神,使个人与社会平起平坐并在社会面前支持个人。在我看来,这些就是我们所将进入的时代的立法者的主要目标"。穆勒同样祭起不干预的自由主义原则的大旗,并将这一原则的使用范围从财产所有权领域扩展到思想文化和道德生活领域。那么如何保护这个不受干预的私人领域呢?这就涉及另一个时髦的字眼:"宪政民主"。

相当多的人把"宪政"仅仅理解为"法治"（rule of law），即政府必须落实宪法对公民权利的保护，同时自身严格按宪法和法律办事。但宪政的本来含义是用宪法来制约国家的权力，不管这个权力是由封建帝王行使，还是由民主政府行使。18世纪末19世纪初立宪运动兴起很重要的一个原因是有产者希望保证贡斯当所说的"现代自由"（或伯林所说的"消极自由"）不被民主大潮吞噬。贡斯当本人很清楚自己的目的，即要用所谓"自由"为民主设置障碍，最终"驯服"民主。宪政便是制伏民主烈马的缰绳，它用宪法禁止条款确认某些个人权利将不服从多数人的意志，以此限制民主权利行使的范围。当然，对有产者而言，最重要的个人权利是财产权。亚当·斯密就反复强调，政府的主要任务是保卫富人，对抗穷人。因此，必须对私有产权进行整体上的保护，包括在宪法中特别列举私人产权，在它周围竖起一道警戒线，不允许任何人染指。很清楚，宪政主义在本质上是反民主的。在这个问题上，早期的宪政主义者毫不掩饰。例如，他们就不愿用"民主"称呼美国的宪政体制。

民主需不需要刚性宪法限制是个老问题，从杰斐逊和潘恩时代开始就争论不休，没有定论。限于篇幅，这里不作讨论。即使民主需要宪法的刚性限制，应不应该把私人产权置于民主之上则又完全是另外一个问题。有产阶级当然希望把有关财产权的议题放到民主决策的范围之外，成为他们自己的禁苑。例如，在美国，私人产权曾经"神圣"过150多年，限定了美国政府权力行使的范围。那时，有产者及其代言人可以借口"保护私人产权"宣布个人所得税违宪、反对政府对生产过程和产品质量进行监管、反对制定最低工资、反对设定最长工时、反对政府为穷人和需要帮助的人提供任何福利待遇。但将产权神圣化的结果是社会两极严重分化，阶级斗争日益激化，最终危及资本主义制度生存。

在这种背景下，从1937年开始，财产权逐步在美国丧失了其

"神圣性"。现在，相比其他西方国家，美国恐怕仍是最崇尚私人产权的国家。但即使在那里，产权也不再被看成是一种东西，而是一束权利，包括使用权、处置权、受益权、转让权等等。这些具体权利中的任何一项都不具有"神圣不可侵犯"性。例如，对产权的客体有严格的限制，不允许对人拥有产权（奴隶）；私人财产的使用（包括自家的前后花园）要服从各级政府的监管（regulation）；由私人财产创造的收益要交纳各类税款。美国宪法第五条修正案禁止在不给予合理赔偿的情况下，将私有财产充作公用，但现在法院对"公用"的解释已变得如此宽泛，连强行拆除一片社区，交由通用汽车公司使用也可算作"公用"了。其他诸如房价管制（rent control）、分区规划（zoning）、劳工法、土地使用规范都是对私人产权的"侵犯"。因此可以说，现在私人产权已不再是个人权利和政府权力之间不可逾越的界限了。如果回到私人产权"神圣"的年代，哪会有什么"宪政**民主**"？只会有"宪政**财主**"。

尽管如此，在现代西方民主制度下，公民可以用民主的方法决定一些事情，但是很多方面是政府不能决策的。这与雅典民主很不一样。在雅典时期，民主的适用范围是无限大的，包括政治、社会、司法等各个方面，甚至延伸至私人领域。今天则不然，除了政治领域外，民主似乎普遍不适用。例如，公司的决策不能遵循民主的原则决定，公民私人生活的诸多方面也不用民主的方式决定，这就是所谓"自由"。所以，在"自由民主"制下，人民已经接受了对其使用民主方式进行决策的限制，使得民主决策的原则在人类生活的绝大多数领域里面不能被使用。"宪政民主"也是一样，无非就是用宪法规定政府可以在哪些领域运作，不可以在哪些领域运作，民主的原则只能在适用的领域里面使用。十几年前，我刚到耶鲁大学政治系任教时，听说一位同事研究的课题是家庭内部生活的民主化。我当时接受的还基本上是主流的民主思想，就对这样的研究觉得非常奇怪。家庭生活怎么也要民主化呢？后来我逐渐理解到，民主的源头本来是适用于人类生活的方方面面，而不仅仅是局限在很小的领域（如隔几年投票选举一次）。绝大多数人的绝大部分时间是花在公司里，而不是在严格意义的"政治"上。也许我们应该提出疑问，如果民主是个好东西，为什么不将这个好东西适用于与我们生活品质息息相关的各个领域呢？"自由民主"和"宪政民主"把"自由""宪政"置于"民主"之上，就等于把"民主"关入"鸟笼"。换句话说，"自由民主""宪政民主"就是"鸟笼民主"。"自由"听起来是开辟了一片新天地，实际上是给民主画了个圈，在一个小圈圈里，你可以民主；在圈圈以外，对不起，民主靠边站，那是"自由"和"宪政"的领地。这是一种非常有限的民主。

**"代议"限制了民众直接参与决策的机会**

上面说到，古希腊的民主是直接民主，即民众定期聚集在一起讨论有关社群大大小小的事，用服从多数的方式来进行决策。也就是说，所有人直接参与决策，没有什么中间层来"代表"人民。卢梭对古希腊的这种直接民主制度推崇备至："在希腊人那里，凡是人民所需要做的事情都由人民自己亲自去做；他们不断地在广场上集会"；"在古代共和国希腊，而且甚至在古代的君主国里，人民是从不曾有过代表的，他们并不知道有这样的一个名词"。确实，17世纪以前，从没有人听说过什么"代议民主"。而在现代，由"民意代表"组成的"议会"俨然成为了西式民主制度的基石，以至于很多人不假思索地认为对民主而言，"代表""议会"是天经地义、不容置疑的。谁批评它们，谁就反民主。这些人忘了问自己一个简单的问题：今天被奉为神明的"议会""代表"到底源于何处？

"代表"和"议会"的概念大概有两个来源，一个是教会，另一个是国王召集的议事会。教会是一个等级森严的组织。在中世纪，教会势力在欧洲无远弗届。为了召开跨地区的宗教大会，教会必须让各地的教区选派"代表"出席。这些被教区选出的代表据说可以全权"代表"他们来自的那些教区的教民。也许，我们可以把这种机制称为教会中的"代议制"。"议会"（Parliament）一词来自拉丁文，原意是指谈话式辩论，没有"代议"的含义。在中世纪的英国、瑞典、西班牙、法国、西西里等地，有时国王召集贵族开会，有时贵族要求国王开会，以便商量如何解决诸如税收、战争、王位继承等议题。通常，与会者来自不同的等级，目的是让他们"代表"社会中不同的等级；而且，不同等级的代表分头聚会，并不坐在一起开联席会议。后来，随着时间的流逝，各等级被归为两大块：贵族与平民（当然不是穷人，而是没有贵族头衔的有钱人）；两帮人在不同的建筑物里开会，于是有了诸如"上院""下院"之分。对国王而言，这种被叫作"议会"的机构实际上是他的咨询机构。对其他参与者而言，"议会"是有产者阶级捍卫私有产权、与国王讨价还价的机构。卢梭曾一针见血地指出，代议制"起源于封建政府，起源于那种使'人'屈辱并使'人'这个名称丧失尊严的、既罪恶而又荒谬的政府制度"。总之，"议会"已存在了上千年，在大部分时间里，其参与者不是经选举产生的，它所做出的决议也无须经过大多数参与者的同意。由此可见，"代表"和"议会"原本都与民主毫无干系，只不过是中世纪欧洲教皇、君主和贵族为维护自己权力而做出的发明。

那么，"代表""议会"是如何与"民主"挂上钩的呢？两方面的因素也许起了很大作用。

一方面，在现代国家，实行古希腊式的直接民主确有困难。从逻辑上讲，直接民主必须要满足至少五个前提条件才能行得通。第一个条件是公民的利益相差不大。如果一个政体里面有的人非常富有，而有的人非常贫穷，两极分化巨大，矛盾十分尖锐，在这样的政体里面几乎没有实行直接民主的可能性，因为这些人碰到一起话不投机，不打起来才怪。第二个条件是公民在种族、语言、宗教等方面也要具有高度的同质性,即相同的人种,说相同的语言,崇拜相同的神。如果一个政体里面有不同的人种,说不同的语言,彼此之间讲话都听不懂,显然是不能实行直接民主的。第三个条件是公民的总数不能太大。那么多少是上限呢?有的政治理论家认为,大概六万人是上限,否则就找不到开会的地方了;有开会的地方,彼此之间讲话也听不见,更没办法讨论了。因此要有一个人口规模的上限。第四个条件是公民得能够聚集在一起直接决定法律和政策,他们必须有表达自己利益、意愿、偏好的能力;否则很可能被别有用心的诡辩者牵着鼻子跑。第五个条件是政体必须是独立自主的,必须在政治上、经济上、军事上独立于外部势力的干涉;否则,民众没法自己做主。

从上述五个条件来看,现代社会要实行直接民主确实是不太容易了。14世纪初,欧洲有500多个国家,每个国家的规模要比现在小很多。到19世纪初,很多国家都并在一起,规模已经有了扩大;到20世纪初,当时的国家又进一步合并(如德国、意大利),规模就变得更大了。现在从欧盟的发展态势来看,再过一段时间完全有可能会看到一个欧罗巴合众国。因此,当一个国家的规模越来越大时,采用直接民主的方式,开全体公民大会确实变得非常困难了。但这并不意味着,民众就没有其他途径直接参与政治过程。如果有意探索民众直接参与的新渠道、新方式,19世纪和20世纪一定能产生出不少参与民主(Participatory democracy)的模式。

另一方面的因素也许同样重要,或更重要,即有产阶级及其代言人对民众直接参与政治的蔑视与恐惧。议会民主(Parliamentary democracy)是英国人的发现,其实质是以代议民主(Representative democracy)取代参与民主,用少数来取代多数。在有产者看来,如果任由广大民众直接参与政治决策,民主便很难驾驭。一旦换成竞选"代表",让"代表"构成的"议会"掌管国家大事,民主就驯服多了。有人以为，政体规模扩大是采取间接代议民主的唯一原因，其实不然。

18世纪以前，从未有人把"代表"与"民主"连在一起。在17世纪，有人开始使用"代议政府"（Representative government）的概念，例如，洛克和孟德斯鸠都曾把具有君主立宪性质的政府叫作代议政府，并提出了议会至上的原则，希望由议会来行使权力，而不希望人民直接行使权力。至于那些由贵族把持的议会如何能"代表"广大劳动人民的利益，他们就语焉不详了，因为他们本来就不支持民主。

第一位把"代表"与"民主"连在一起、组成新词"代议民主"的人大概是美国国父之一汉密尔顿（1757—1804），他在1777年首次使用了这个词。麦迪逊（1751—1836）则把汉密尔顿称为"代议民主"的体制叫作"共和政体"，两者都与原来意义上的"民主"没多大关系。无怪乎，托马斯·杰斐逊（1743—1826）评价道："这种新的、代议民主原则的确立，使得以前几乎所有有关政府结构的著述都变得毫无用处。"在这里，"民主"一词已被赋予全新的含义，指称一种与古希腊民主全然不同的政治制度。代议制的好处和妙处到底在哪里呢？麦迪逊很直截了当，认为代议制是解决"多数暴政"的利器，因为它"通过一个从公民中挑选出来的机构，对公众的看法加以提炼和进行补充，以这些人的智慧，使他们能最清楚地了解真正的国家利益之所在，他们的爱国心和正义感也使他们不大可能出于短期和狭隘的考虑而牺牲国家利益。在这种制度安排下，经过人民代表的表述，公众的声音会比由他们自己直接表达更符合公共利益"（《联邦党人文集》第10篇）。换句话说，人民是靠不住的，只有从人民中挑选出的"代表"才靠得住。

给予代议制更强有力的辩护的是美国革命时期的另一位思想家潘恩（1737—1809）。在同英国保守主义思想家伯克辩论时，他提出了一个看法："古代的民主制国家根本不知代议制为何物，按照这种民主制,大多数人汇集在一起,以第一人称制定法律(从文法上来说)。简单的民主制不过是古代人的公共会堂。它既体现政府的公有原则,又体现政府的形式。但这些民主国家的人口增长和领土扩大之后,这种简单的民主形式就行不通了;由于不知有代议制,结果它们不是突然蜕化为君主制,就是被当时存在的那种君主制国家所吞并。要是代议制像今天这样为当时的人们所熟知,就没有理由认为现在称之为君主制或贵族制的政府会破门而入。"这里,潘恩提出了领土和人口规模对民主制度的挑战。在他看来,"把代议制同民主制结合起来,就可以获得一种能够容纳和联合一切不同利益和不同大小领土与不同数量人口的政府体制"。不过,潘恩也说过,即使是在小范围,代议民主也比直接民主更好。他相信,如果雅典采用代议制,一定比实行直接民主运作得更好。这就是说,不管领土、人口规模大小,潘恩都青睐间接的代议制。

在大西洋彼岸,功利主义思想家边沁(1748—1832)也看好"代议制政府",认为它是"从目标和效果上能够使最大多数人得到最大幸福的唯一政治形式",是在时间、空间上可以采纳的唯一的"民主"形式。他同时大力抨击公众直接参与政府管理的模式,认为它无异于无政府状态。1820年,詹姆斯·穆勒赞叹道,代议制政府是"现代一个极为重要的发现",它有助于找到解决一切困难(包括现实的困难与想象的困难)的途径。他认为,按照人民的利益使人民接受统治的唯一方法是人民管理自己。但由于在现代国家中,"直接民主"不可行,代议制就成了唯一可以采用的形式。这一制度通过使用选举权、代表的委任和免职以及议会来迫使统治者准确地反映人民的利益。

詹姆斯·穆勒的儿子、功利主义的继承人约翰·穆勒(1806—1873)被公认为是19世纪代议制民主理论的集大成者。在其名著《代议制政府》一书中,他先设定了一个评判最佳政府形式的尺度:

"不用说，理想中最好的政府形式，并不是指在一切文明状态都是实际可行的政府形式，而是指这样一种政府形式，在它是实际可行和适当的情况下，它伴随有最大数量有益的后果——直接的和将来的。"在19世纪的条件下，"既然在面积和人口超过一个小市镇的社会里，除公共事务的某些极次要的部分外，所有的人亲自参加公共事务是不可能的，从而就可以得出结论说，一个完善政府的理想类型一定是代议制政府了"。这是"主权或作为最后手段的最高支配权力属于社会整个集体的那种政府；每个公民不仅对该最终的主权的行使有发言权，而且，至少是有时，被要求实际上参加政府，亲自担任某种地方的或一般的公共职务"。当然穆勒并不希望所有的公民都有机会亲自担任公职，他只希望看到那些贤能之士才有此福分。在约翰·穆勒看来，代议制是唯一能一举两得的制度，它一方面提供政府管理所需的专业化和有特长的人才，另一方面又保证政府对人民负责。穆勒认为，控制政府和管理政府之间有极大的差别。普通选民拥有对政府的最终控制权足矣，他们不必直接参与管理政府。政府的正当性可以通过民众选举自己的"代表"来实现，而不必体现在民众直接管理政府上。虽然，穆勒口口声声"民众"长、"民众"短，他其实很不相信民众的判断力，非常害怕"一人一票"的选举制度会选出个非贤非能的政府。为此，他建议实行一种不公平的选举制度：越聪明的人、受教育程度越高的人应该分到越多的选票。可以说，对民众判断力和情绪的不信任是穆勒推崇代议制的重要原因。

尽管无政府主义者普鲁东（1809—1865）断言，代议制根本不是民主；韦伯（1864—1920）发现，"不管是民主制还是非民主制，政治都是少数人的游戏"；到1908年瓦纳斯（Graham Wallas，1858—1932）写《政治中的人性》一书时，他意识到，"关于最佳政府形态的争论已经结束，代议制民主明显胜出"，但他同时隐隐约约感到，这种"民主"有什么地方不对劲，因为"一度附在民主上的光环早已消失了"。费边社成员科尔（G.D.H.Cole，1889—1959）也不无揶揄地说，"19世纪最大的发现就是所谓民主政府根本不会给普通民众的生活带来任何变化"。在19世纪末20世纪初，这类判断实际上得到许多不同派别人士的认同。也就是在这个时期，意大利经济学家帕累托（Vilfredo Pareto，1848—1923），思想家马斯卡（Gaetano Mosca，1858—1941）、米歇尔（Robert Michels，1876—1936）提出了他们的精英理论和所谓"寡头统治的铁律"（Iron laws of Oligarchy）。在他们看来，不管是什么政体，民主也罢，不民主也罢，最终都是由一小撮精英分子支配。如果说代议民主与其他政体有什么区别的话，那就是它是一种披上了伪装的寡头政治。

　　寡头政治十分难听。但不实行寡头政治，有产者又放心不下。林肯曾将民主定义为"民治（by the people），民有（of the people），民享（for the people）"。但有产者认为民治是危险的，因为民众常常感情用事，欠缺理性判断能力。在这种情况下，有必要重新定义民主，让人们觉得经过某些程序产生的寡头政治其实还不错。约瑟夫·熊彼特（1883—1950）完成了这个转换。在1942年出版的《资本主义，社会主义和民主》一书中，熊彼特批判了所谓"古典民主观"；在熊彼特看来，原来的民主观把人民放在首位而把他们对代表的挑选放在第二位是不对的。他把民主定义为"一些个人通过竞争人民选票来获得（公共）决策权的制度安排"。这就彻底颠覆了民主的原意：把选举代表放在第一位，而把人民的决定权放在第二位。他对此毫不讳言，"民主不是，也不能意味着任何明显意义上的'人民的统治'，民主仅仅意味着人民有机会接受或拒绝将统治他们的人，但由于人民也可以用完全不民主的方式来决定谁做领导人，我们必须再加上另一个标准以收窄我们对民主的定义，即候选人自由竞争人民的选票"。在熊彼特手里，"民主"完成了从"人民统治"向"人民选择统治者"的转型："人民"变成了"选民"；"民主"变成了"选主"。民主即是让人民在几个相互竞争的精英团体中进行选择，民众参与政治的作用便被限制在四五年选一次政府的范围内了。在过去几十年里，经过熊彼特改造的民主定义已被西方主流以及受西方主流影响的非西方知识精英奉为圭臬。有没有竞争性的选举成为他们评判一个政体是否民主的最重要甚至唯一标尺，至于人民是否真正能当家做主则显得不重要了。

早在18世纪末，卢梭就对代议制的基本假设提出强烈质疑。他认为人民主权只能由人民直接表达，而绝不可能被他人代表。自由应当意味着自主，而代议制恰恰违背了这一原则，在此制度下人民就会丧失自主。代议制造成的结果必然是"爱国心的冷却，私人利益的活动，国家的庞大、征服，政府的滥用权力"。为此他特别挑出英国的代议制进行鞭挞："英国人民自以为是自由的；他们是大错特错了。他们只有在选举国会议员的期间，才是自由的，议员一旦选出之后，他们就是奴隶，他们就等于零了。"用这句话批评熊彼特式的"民主"似乎也完全恰如其分。美国号称是实行代议制的典范，但在19世纪末20世纪初，人们却发现了那里存在一个若隐若现的"影子政府"，由政治老板们从幕后操纵选举和政党，而这些老板们本人既不是选举出来的，也不必对任何人负责。在他们操纵下选出来的人当然也好不到哪里去，结果就有了马克·吐温那句著名的俏皮话："美国唯一明显的犯罪团伙就是国会。"除了美国以外，其他那些自称"民主"的国家也差不多。人们为当时的那些"民主制"起了很多绰号，如"公爵共和国"（the republic of dukes）、"铁哥们共和国"（the republic of pals），或"银行家共和国"（the republic of bankers）等等。

从上面的讨论，我们了解到，原本与"民主"八竿子打不着的"代表""议会"以及衍生物"代议制"是如何一步步变成"代议民主"的。形象地说，如果"民主"原本是浓烈的二锅头，掺入"代表""议会"等糖水、香精、色素后，"代议民主"就变成了诱人的小香槟了。更准确地说，被"代议民主"劫持以后，"民主"的内涵已经发生了根本性的变化，它现在被用来表示在理论上和实践上都与古代雅典民主完全不同的政治制度，其中包括不少反民主的内容，如政治权利的放弃，将其转让给他人，而非自主地行使它。

那么，代议制民主在多大程度上转换了民主的实质呢？首先，代议制民主不再是参与式的民主。随着"代议制"对"民主"偷梁换柱的完成，人民直接、广泛地参与国家管理的理念被淡忘了，参与变成一种间歇性的行为，每隔四年或者五年来一次，其他时候就当顺民了。第二，政党的出现。在直接民主中根本不需要中间媒介存在，但在间接民主中需要政党来充当利益整合的角色。第三，选举是代议制民主最重要的内容，我们完全可以把现在的"民主"叫作"选主"。一般老百姓的任务就是投票，把"主"选出来，投完票以后，就万事大吉了，回家该干吗干吗。普通公民并不直接参与国家的政治决策，而是推举代理人来进行决策和管理，后者才真正享有决策权。就治理而言，无论是选民本身，还是民选的代议机构，他们都只是被动地对政府的决策做出反应，已完全谈不上什么自我管理了。不少人鹦鹉学舌把代议民主称为"间接民主"，好像它与"直接民主"都是"民主"，只是类型不同。其实，民主一"间接"、一排斥人民大众的参与，它就抛弃了民主政体的实质，变成了另一种政体，非但可能是不民主的，而且可能是反民主的。难怪有些思想家质疑"代议民主"到底是不是够格被冠以"民主"这一令人尊敬的称号。

**"自由竞争性选举"限制了大多数人参政的机会**

现代人往往不假思索地认为，代议制民主的实现形式只有一种，即自由的、周期性的和竞争性的选举。现代"代议制民主"理论的基本假设是，由于现代国家规模太大，人民群众不可能直接参与决策，需要由他们的代表代劳。即使接受这个假设，人们其实有理由追问，为什么代表的产生必须通过投票选举，而不是通过其他方式，比如说随机抽签？

前面已经提到，在古雅典，抽签被当作最民主的挑选代表的方式。不仅五百人议事会和陪审员是这么产生的，约700位一般行政官（Archai）中的600位也是这么产生的。与选举不同，抽签保证结果的平等，而不仅仅是机会的平等。凡是没有被剥夺民权的30岁以上公民，只要自愿参与抽签都有被抽中的机会。为了保证家庭贫困的公民能够参政，伯里克利打破雅典公民担任公职无报酬的传统，实行公职津贴制，即包括议事会成员、陪审员和行政官在内的政府官员在执行公务时给予适当的膳食费。这样"贫穷也不再是障碍物，任何人都可以有益于国家，不管他的境况有多黯淡"。得到从政机会后，从政者的任期只有一年，不得连选连任。雅典人之所以这样做，是因为他们看重担任公职的机会在公民中平等地分布，以便让尽可能多的公民能直接参政。他们认为，"同等的人交互做统治者，也做被统治者，这才合乎正义"。只有让公民轮流执政才能打破支配者与被支配者之间的鸿沟，使从政成为一种展现公民荣誉、责任和潜能的机会，而不会成为少数人操控他人命运和以权谋私的机会。

随机分配公职显然有风险，它可能让一些完全不合适的人进入政府。雅典政制中因此有一些特殊的设计，以避免这种状况出现。首先，不是所有中签者都可以当官，他们还必须通过一系列考核，如他们如何对待父母双亲，是否有逃税、犯罪记录，是否有服役记录，是否在政治态度上偏向寡头制。值得注意的是，这些考核都与所谓"从政能力"无关。雅典人相信，只要给予充分的参与机会，普通民众和社会精英拥有同样的政治智慧，都能够参加国家治理，有效地做出决策。在这个意义上，雅典民主制的确是"迄今为止最为民主的政治制度"。其次，中签者是一个团队，而不是孤立的个人。在团队中，总会有人知道如何将政务处理得更好，其他人就可以在实践中进行观察、学习。第三,在从政期内,公民大会可以随时弹劾或罢免任何官员。每年公民大会的十次"主要大会"(kuriai ekklesiai)都要讨论,官员们是否正确地履行了自己的职责。最后,除少数例外,任何人都不得多于一次担任同一职务。这既是所有人都有机会从政的保障,也降低了官员不称职的风险:最坏的情况不过是,一个不称职的官员在位一年。

虽然以抽签为主,雅典人在某些领域也采取选举制,如将军和司库这类需要专门技能的官员。司库之所以采取选举是因为,一旦发现贪污,可以没收他们的财产。将军之所以采取选举是因为,公元前5世纪的雅典长年对外战争,和平倒是例外,国家需要有作战经验的军事领导人。因为看重的是专业才能,所以占据这类职务的人无任期限制,不必轮流替换,如公元前5世纪的伯里克利连选连任二十余年,4世纪最著名的将军福基翁(Phocion)则在位达45年之久。不过选举出身的领导者多出身于财势名望卓著的家族。无怪乎亚里士多德说,就挑选当权者的机制而言,抽签是民主政治的标志,选举则是寡头政治的象征。当然,选举出身的官员也得接受公民大会的审查,也可随时被公民大会罢免。

对苏格拉底这样的反民主派来说,治国应是社会精英的禁脔。据色诺芬回忆,苏格拉底曾以揶揄的口吻批评雅典民主说,"用豆子拈阄儿的办法来选举国家的领导人是非常愚蠢的。没有人用豆子拈阄儿的办法来雇用一个舵手、建筑师或吹笛子的人,或其他任何行业的人,而在这些事上如果做错了的话,其危害是要比在管理国务方面轻得多的"。

罗马共和国时期,大多数行政官已不再是由抽签产生的,而是人民选举产生的。但人民被分成193个"百人组",这些组构成六个等级。有钱而人数较少的人被放入最高的一些组里,不那么有钱而人数较多的被放入其次的一些组里,全体穷人被放入最后的几个组里;而每组只能投一票。这样的制度安排"与其说是人在选举，毋宁说是资产与财富在选举"（孟德斯鸠）。在这种选举制度下，穷人只有选他人的份，自己已没有机会参政了。不过，抽签也没有完全消失，它在产生古罗马的国民议会时仍扮演了一定角色。实际上，直到代议制政府出现以前，大多数允许公民行使权力的政治体制仍在不同程度上、采取不同形式，继续使用抽签方式。例如，中世纪以及文艺复兴时期，意大利的城邦共和国经常把抽签方式作为挑选行政官员程序的一部分。凡是读过马基雅弗里《佛罗伦萨史》一书的人，都不会不注意到，佛罗伦萨运用抽签方式有多么广泛。佛罗伦萨如此，以长治久安著称的威尼斯共和国更是如此，抽签的方式一直沿用至1797年。[1]

直到17、18世纪，对思想家而言，抽签还不像对后世思想家那么陌生。那时，他们仍然把抽签与选举看作产生当政者的不同方式，并经常辩论两者各自的优劣。

16世纪意大利历史学家和政治家圭恰尔迪尼（Francesco Guicciardini，1483—1540）认为选举方式优于抽签，因为城邦的命运必须操之于称职的人手中，选举可以防止不小心让引车贩浆者流爬上政府高位，可以确保行政官"尽可能的优秀"。但他毫不怀疑，抽签的方式比选举更民主。

《大洋国》的作者哈灵顿（James Harrington，1611—1677）也不看好抽签。他批评雅典的议会"每年全部一次改选，方式只是抽签而没有投票"；"在这种方式下共和国也就变得元气大伤了。在一个共和政体中，贵族阶级是人民唯一的驱策者和约制者，但雅典的元老院并

---

[1] 自13世纪以后，直到威尼斯共和国的末期，威尼斯大公的选举大致是依照如下的办法进行的：大会选出30个公民；这30个公民再选9个公民；这9个公民再选40个公民；在这40个公民之中，以抽签选定12个公民；这12个公民再选25个公民；再以抽签方式由这25个公民中抽出9个公民；这9个公民再选出25个公民；再由这25个公民中抽签确定11个公民；这11个公民再选41个公民；最后，由这41个公民选举大公。安排如此复杂是为了防止少数人操控。

不是由世袭的贵族组成的,所以便被莽撞的煽动家或首领们一直推到毁灭的深渊中去了。它的元老院正像罗马的保民官一样,管辖群众的时候少,被群众管辖的时候多"。在哈灵顿看来,只有经过选举才能让精英执政。

孟德斯鸠的说法则与亚里士多德几乎同出一辙:"用抽签的方式进行选择是属于民主政治的性质。用挑选[选举]的方式进行选择是属于贵族政治的性质。"他甚至还说,"以抽签来进行选择,乃是民主制的本性"。孟德斯鸠对抽签的评价是,它"是不使任何人感到苦恼的选择方式。它给每一个公民以一种为祖国服务的合理愿望。但是,因为这个方式本身就有缺点,所以伟大的立法者们都特别努力加以整理和矫正"。抽签最大的缺点就是它使得所有市井之徒都有可能被选中。与哈灵顿一样,孟德斯鸠也相信,只有通过选举,才能产生最优秀的领导人,而一般最优秀的人才大多来自上层阶级。

曾作为大使的秘书出使威尼斯的卢梭在《社会契约论》中有一章专门讨论选举,其中他特别提到,抽签和选举这两种挑选行政官的方式,"都曾在各个不同的共和国里使用过;而且至今在选举威尼斯大公时,我们还可以看到这两者的非常复杂的糅合"。抽签的好处在于,"人人的条件都是相等的,而且选择也并不取决于任何人的意志,所以就绝不会有任何个人的作用能改变法律的普遍性"。因此,卢梭同意孟德斯鸠的说法:"抽签的办法最具有民主制的性质。"他显然相信,挑选当政者的方式与政体有某种对应关系,"在贵族制之下,是由王孙公子来选择王孙公子的,是由政府自己来保存自己的;正是在这里,用投票的方法才是非常合宜的"。"在君主制的政府之下,则无论是抽签还是选举都没有任何地位。国君既然是当然的、独一无二的君主与行政官,所以对他部属的选择权就只能属于他本人。"

以上四位思想家对抽签的重视是超乎现代思想家想象的。不管他们对抽签的态度如何,不管他们对民主的态度如何,有一点是共同的,他们都认为抽签是民主的象征,选举是贵族制、寡头制的标志。令人惊奇的是,仅仅在《论法的精神》(1748)和《社会契约论》(1762)问世的一代人之后,有关抽签民主性的讨论骤然消失了。美国制宪会议期间,詹姆斯·威尔逊依据威尼斯模式曾提议由国会议员抽签选出选举人团,再由选举人团选举总统,但他的提议没有引起任何人的兴趣。在法国革命期间,也有人曾经建议用抽签代替选举,因为前者比后者更公平,但这些建议也几乎全然被忽略。自18世纪中叶以后,人们似乎放弃了对各种挑选政治人物方式的思考和权衡,注意力一股脑彻底转向选举一途。

为什么后世的思想家、政治家青睐带有贵族制、寡头制色彩的选举,而不是民主性更强的抽签呢?由于偏好选举的人没有或不便清楚说明其动机和理由,我们只能做一些理论推断。首先可以排除的是,国家大小不是决定因素。抽签与选举一样都是挑选人民"代表"的机制;两者都服务于代议制,而不是直接民主。不管国家的人口规模有多大,从技术上讲,用抽签的方式都可以挑选出人民的代表。因此,就可行性而言,抽签完全没有问题。最可能的原因恐怕是,选举比抽签更有利于维护社会精英阶层的利益。对比这两种挑选当政者的方式,它们至少在三方面不一样。第一,当政者的候选范围不一样。在抽签制下,所有公民都是候选人,都有可能当选;在选举制下,只有正式候选人才有机会当选,而正式候选人的数目无论多大都只是公民的极小一部分。第二,影响当选的因素不一样。在抽签制下,任何人用任何方式都无法改变选举结果,结果是随机决定的。当选与否取决于是否享有公民权,而不是取决于个人的其他特征(如能耐、声誉等)。在这个意义上,抽签制是完全公平的,可以彻底消除选举中买票、做票的危险。在选举制下,能影响当选结果的因素则举不胜举,既取决于普选的程度、选举制度的设计、选区的划分,也取决于参选人数及各自的支持度,还取决于国内外势力对各候选人的支持度与影响,更取决于候选人占用的资源(如暴力、金钱、知名度、长相、口才、演技)与竞选谋略(暗杀、舆论控制、抹黑对手、造谣惑众、苦肉计、离间计,及其他各种损招)。总之,在选举制下,选举结果不再是随机的。富人、名人、巧舌如簧者有天然的优势。第三,当选人的性质不一样。在抽签制下,什么人都可能当选,无论她/他是否有钱、是否受过良好教育、是否属于社会精英阶层。抽签制让所有人都有平等的从政机会,都能像亚里士多德说的那样"轮流执政"(ruling and being ruled in turn),都可以亲身享有"民主"的经验。而拼资源、拼形象、拼口才、拼演技的选举制有利于经济和知识精英分子入围,把穷人、"笨人"排除在外。选举把人民大众的作用局限于几年一次的"选主",将政治变为少数人的游戏。长此以往,无论选举多么开放、多么自由,竞争多么激烈,都不可避免地会形成统治者与被统治者两个阶层,使政体带上亚里士多德、孟德斯鸠、卢梭所说的"贵族""寡头"的色彩。

**普选的实现也无法改变选举的"贵族""寡头"色彩**

有选举的地方不一定有平等的、无差别的、一人一票的普选。中世纪便有教会中主教和修道院院长的"选举",等级议会亦有某种形式的"选举",在有些地方,甚至国王也是"选举"产生的。但那时的选举是极少数人的游戏,与绝大多数一般老百姓毫不相干。事实上,直到19世纪下半叶以前,在选票箱前人人平等还受到精英们的强烈质疑。保守派不用去说他们;就连自由派和共和派也担心普选可能导致一场大的社会动荡。

不错,洛克在《政府论(下)》中使用了以下表述:"人民以公正的和真正平等的办法来选举他们的代表。"但这并不妨碍他敌视人民主权观念。孟德斯鸠在《论法的精神》中多次提到"选举"一词,但从未想到给所有人同样的选举权。法国政治理论家皮埃尔·罗桑瓦龙的观察是精准的,"没有一位启蒙思想家要求所有人都有选举权",即使主张人民主权的卢梭也是如此。的确,卢梭曾宣扬过"立法权属于人民并且只能够属于人民",但他同时写道,"使公众意志具有普遍性的并非是投票者的数量,而是其汇集的共同利益"。换句话说,普选未必能反映公共意志。在他看来,只有通过教育和自省才能凝聚公共意志。为此,他从未鼓吹普选。在《山中书简》中,他对那些"误以为民主制是一种整个人民充当行政官员与法官的政府"的人冷嘲热讽;在《关于波兰政府的思考》中,他表态赞同建立在能力合格基础之上的选举原则,而不是一人一票的选举原则。与卢梭几乎同时代的英国法学家威廉姆·布莱克斯通爵士(1723—1780)说得非常直白:"设置选举权财产限制的真正原因,是要将那些因境况过于贫贱而丧失自主意愿的人排除在外。"

有人把边沁(1748—1832)誉为"英国大众民主的理论奠基人",但他主张将选举权限制为受过教育的男性成年人。比他稍晚一点的托克维尔(1805—1859)敏感地意识到,伴随经济繁荣、教育普及程度扩大、交通和通讯速度加快以及人口流动性提高,民主是不可逆转的历史潮流。他因此曾劝说保守派接受逐步扩大的选举权,不过他的理由是,只有这样,他们才能设法影响民主未来的走向。在《美国的民主》一书中,自由与民主的矛盾成为其中心议题。他相信,大众中蕴藏着一种危险的文化倾向,直接威胁个人自由。正是托克维尔发明了"多数暴政"这个被后世自由主义者念念不忘的字眼。活跃于19世纪中叶的穆勒也感到了那种"山雨欲来风满楼"的民主风潮,但这并不意味着他把民主看成一个好的政治制度。宪章运动带来的骚乱和托克维尔关于"多数暴政"的论述使他对可能出现的工人阶级统治暗藏戒心。他害怕投票权的普及终将导致无产、无知者获胜。为此,他大肆鼓吹,不能读写和进行普通算术运算的人不应有选举资格,领取教区救济的人不应有选举资格,其目的是防止无产、无知者随意侵犯有产阶级的利益。穆勒还提出了一整套限制工人阶级影响的措施，包括赋予知识阶级享有两票以上的投票权、在议会中让劳动者阶级与雇主阶级拥有大致相等的席位。

从这些被后世看作"最开明"的思想家对普选的态度中，我们不难了解为什么投票选举权的普及化经历了一个漫长的历史过程。自由主义者对民众的恐慌，再加上保守派对民众的敌视，使得享受选举权的人在很长时期里局限于少数经济和知识精英。财产资格、识字程度和其他种种限制把占人口绝大多数的劳动人民排除在选举大门之外。

## 英 国

有人把英国民主的历史追溯到通过《大宪章》的1215年，其实这篇文书不过是份封建契约。贵族们试图用这个文件限制国王的权力，但从未打算与平民分享权力。如果从通过《大宪章》到英国"光荣革命"（1688）以前，英国曾有过选举的话，那只不过是富人的游戏。例如，1429年曾规定，只有年收入超过40先令的居民才具备选举资格。随着先令大幅贬值，选举资格在1679年被提高到年收入200镑。"光荣革命"后通过的《1688年权利法案》规定，国民议会实行"自由选举"，但不久又为议员的当选资格设置了很高的门槛：郡议员每年的土地收入必须达到600镑以上，市镇议员每年的不动产收入必须达到300镑以上，有这么高收入的人多数是贵族。到18世纪中期，在英国的700万成年人中，仅有15万人享有选举权，占成年人口的2.1%。直到"光荣革命"143年以后的1831年，英国有选举权的人也只占成年人口的4.4%（见图表1-3）。

1832年，由于新兴资产阶级和小资产阶级的要求，英国议会通过了一个改良的选举方案，[1]降低了选民的财产资格，这使得选民人数

---

[1] 黑格尔极力反对扩展选举权的英国1832年改革法案。

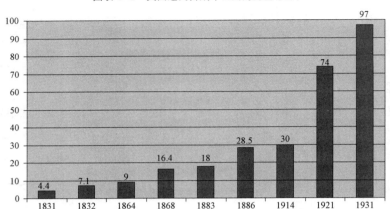

图表1-3 英国选民占成年公民的比重（%）

从30万左右扩大到67万，但即使这个数字也不过是当时英国成年人口的7.1%左右。议会议员则几乎全部是土地贵族和大资产阶级的代表人物，小资产阶级和无产阶级几乎完全没有自己的代表，连工业资产阶级的代表也不多。这令被排斥的阶级极度不满，1838年，以争取男性普选权为目标的宪章运动开始。在此后10年里，宪章派一次次动员民众向议会请愿，但屡屡遭到镇压。虽然宪章运动最后以失败告终，但其产生的压力迫使英国于1867年实行第二次议会改革，它规定在城市中凡拥有单独住宅的户主（不论其价值多少）和每年缴纳房租10镑以上的房客，只要在选区内居住一年以上都有选举权；在各郡，凡每年缴纳地租12镑以上的租佃者和每年收入5镑以上的土地所有者都有选举权。这使得一部分熟练工人获得了选举权，使选民总数由135万增加到225万，占男性公民的三分之一（或成年居民的15%左右）。此后，英国广大农村也掀起了争取投票的运动。1884年，英国在民众的压力下进行了第三次议会改革，它把城市中的"房主选举权"原则扩大到各郡区，使部分农业工人也获得了选举权，这让约200万农村劳动力获得了投票权，英国选民总数又增加一倍，达到

450万人，占成年男性居民的约三分之二（或成年总人口的28.5%）。

又过了34年，在第一次世界大战已经开打并需要妇女加入劳动大军的1918年，30岁以上的妇女才获得投票权；再过10年，到1928年，英国妇女才获得与男子一样的投票权（21岁）。即使在实现男女平等的投票权以后，英国的选举制度还不是真正意义上的普选。在1948年以前，英国还允许大学教职员与学生在大学和居住地投两次票，有产者在财产所在地和居住地投几次票，使得既与大学有关又拥有财产的人可以投更多次票，这叫多次投票制（Plural voting），例如，约瑟夫·张伯伦竟然得以在七个选区投票！因此，可以说，英国直到1948年以后才最终实现普选制。从13世纪算起，经历了700多年。

### 法　国

在法国，1789年大革命之前，只有拥有土地的精英和神职人员能够参与政治，数量不到总人口的2%。法国大革命的核心理念是人人平等，理应让所有人都能够作为公民平等地参与政治。但有产者最关心的是自己的财产权，所以他们最害怕的就是无产者或少产者能参与重大政治决策。涉及财产问题，法国革命领导人的立场也很快显露无遗。1789年初，在起草《权利宣言》时，孔多塞（1743—1794）坚持有产者是行使公民权的天然条件之一。《人权宣言》执笔者西耶斯（1748—1836）草拟的《1791年宪法》以财产和年龄为标准，把人民划分为两类："积极公民"和"消极公民"。前者必须满25岁且缴纳相当于三天劳动所得的税收；后者则包括妇女、家仆、乞丐、流浪汉、教士和赤贫者。当时法国有2600万人，其中"积极公民"只有440万，他们享有投票权。"消极公民"则被剥夺了投票权，最近的研究表明消极公民人数约占达到投票年龄人口的近40%，而不是一般认为的三分之一。1792年8月11日的法令把投票年龄从25岁降至21岁，废除了选举税的条件，并禁止使用"积极公民"与"消极公民"的说法，但它又明确规定，唯有拥有足以被认为是"以其劳动产品为生"的财产的人才能投票，这实际上维护了对非纳税人的排斥，当时至少有100万乞丐、流浪汉和家仆被剥夺选举权，更不要提妇女了。1795年宪法倒退，恢复以财产为基础的选举权，并更加严格，仅限于少数相对富有的资产者和纳税人，结果选民下降到10万人左右。1799年的宪法再次恢复男性普选，取消财产资格。及至拿破仑于1804年建立帝国，宪法又被改变。从1789年到拿破仑建立帝国，法国的选举资格经历了八次翻过来、倒过去的变化，实际上没有从根本上解决男性普选权问题。

严格说来，当时享有选举权的人也是不平等的。为了避免"混乱选举"，法国实行三级议会：初级议会选出二级议会的选举人；二级议会再选出省级议会的选举人；而国民议会的代表由这些省议会选出。要担任第二级的选举人，必须拥有相当于当地200个工作日价值的财产，这就把更多的人排斥在外。二级选举人约占积极公民的1%，如1791年共有440万积极公民，但二级选民只有44000人；1795年反差更大，在600万积极公民中，二级选民只有不足30000人。事实上，当时法语中"有选举权的人"（l'electeur）一词仅指称第二级选民，而用来指称初级议会的投票者的词尚不存在。要享有国民议会议员职位的被选举权，则门槛更高，要缴纳一个银马克的税金（相当于50天收入）并拥有地产，或被列入所谓"名流名单"。[1]之所以这么规定，目的就是要借助法律手段把"代议士"的位置保留给大有产阶级，建立一种有产者的秩序。有人戏称国民议会是"农民选出的律师议会"，因为律师占据了国民议会52%的席位。

在波旁王朝复辟期间（1814—1830），选举权（30岁且缴纳300

---

〔1〕 共和八年宪法下，基层600万人确定由60万人组成的市镇信任选举名单，市镇名单中的人再确定由6万人组成的省级信任选举名单，最后形成一份由6000人组成的全国信任选举名单。

法郎的选举税)和被选举权(40岁且缴纳1000法郎的直接税)的条件变得更加严苛,选民人数因而大幅萎缩,1814年选民人数只有72000人,仅占成年男子的1%。1830年的"七月敕令"(July Ordinance)进一步限制选举权,把选民人数从10万人缩减到25000人。直到1845年,选民人数不过24.1万人。自由派政论家也不时把对普遍选举的要求形容为荒诞不经。如基佐于1847年断言:"普遍选举原则本身是如此荒谬,以至于任何主张普遍选举的人本身亦不敢完全接受它与忍受它。不存在实行普遍选举的一天。不存在所有的人,不管其如何均被召集去行使政治权利的一天。"更有甚者,小说家福楼拜直到1871年还大骂普选是"人类精神名副其实的耻辱"。

1848年二月革命以后,在工人阶级的压力下,临时政府于3月5日通过一项法令确立了直接的普遍选举。这对保守派犹如晴天霹雳,但他们最初的担忧很快化为乌有,因为普选并没有马上威胁有产阶级的秩序。但当一些激进人士于1850年当选时,有产阶级再次恐慌起来。为了防止工人阶级和小资产阶级执政,1850年5月31日的法律取消了普选权,加入了一项要有3年以上住所的条件。结果,一夜之间,有300—350万人被剥夺了选举权,尤以外来人口比重较大的巴黎等城市为甚。直到第三共和国初期的1871年,法国才确立了男子普选权。[1]法国妇女得到选举权已是1944年的事了,比波兰(1918)、比利时(1920)、印度(1921)、爱尔兰(1922)、土耳其(1934)、菲律宾(1937)还要晚。投票年龄从21岁降到18岁则要等到1974年。

## 美 国

像其母国一样,在殖民地时期(1585—1776),美国也把财产权

---

[1] 当时,欧洲国家多数还没有确立普遍选举,甚至在美国的很多州也存在许多对选举权的限制,法国在这方面领先其他国家。

作为投票权的基石。早期只有成年男性白人土地所有者才能投票。虽然各殖民地对选举权的财产要求不尽相同，但它们对选举权都做出了土地方面的要求，其中最为普遍的财产要求是"年收入40先令的自由持有的土地"。后来随着经济和社会结构的变化，财产的定义必须变得较为宽泛，不再仅限于地产，否则城市居民中的有产者可能被排斥在外，拥有其他形式的财产或缴纳一定数额的税款因此也变成了有产者的资格标准。尽管有这些变化，那时只有很少一部分人享有或使用其选举权。难怪一位当代人说那时的体制是"一个讲话的贵族面对着一群沉默的大多数"。

对选举权进行财产限制的做法得到了不少独立战争领袖的赞同。如汉密尔顿断言，没有财产的人也就是没有自我意志的人；富兰克林则认为，允许那些没有地产的人选举是不合适的。1787年制定的美国宪法，没有就选举权作任何具体规定，而是将这一权力保留给各州。最初的13个州在制定自己的宪法时，普遍规定了选举的财产条件（拥有财产或缴税）。这样，有资格投票的选民与殖民地时期没有太大变化，仅限于人口中的极少部分。1789年第一次举行总统选举时，只有约4%的成年人投票。后来加入美国的那些州，选举权的财产条件较为宽松，有些只要求缴税（如俄亥俄、路易斯安那、密西西比），有些则连这一条件也放弃了（如佛蒙特、肯塔基、田纳西）。新州之所以采取较为宽松的财产条件，一方面是因为它们希望吸引更多的人口移民本地，使领地早日达到联邦州的法定人数；另一方面是因为它们大多土地资源极为丰富，每一位移民均有机会获得足够的土地。基于同样原因，最初13州里人烟稀少的州不久后也放弃了拥有财产的要求（如特拉华、马里兰），甚至缴税的要求（如新罕布什尔、乔治亚）。换句话说，最初实现成年男性白人普选权的地方都是人少地多的州。其他的州要再等几十年才实现这一目标。由此看来，对广袤土地的殖民与选举权的扩大之间有一层奇特的关系。到1860年内战开打前，美国还有一些州把缴税作为获得投票权的前提条件；在宾夕法尼亚和罗得岛，这个要求一直延续到20世纪。总之，在内战以前的美国，男性白人的普选权仍没有完全实现，黑人就更不用说了。只有在黑人很罕见的新英格兰5州和纽约，黑人被允许参加选举，而纽约还要求拥有价值250美元的财产。

1861—1865年的南北战争结束了对黑人的奴隶制。1868年通过的宪法第14条修正案赋予黑人公民权并允许他们参加选举，但南部蓄奴州仍然不准黑人投票。两年后，宪法第15条修正案通过，明确禁止州政府和基层政府剥夺黑人的选举权。当时不少男性白人也许反对为投票规定财产条件，但他们却把剥夺妇女、黑人、印第安人、非白人移民的投票权看作天经地义。设置财产条件时，排斥这些人本不是问题；一旦降低或放弃财产条件，就必须寻求其他途径。在19世纪七八十年代，南部反对第15条修正案的势力广泛用暗杀、"夜袭"、暴力恐吓等"白色恐怖"手段阻止黑人行使其宪法保障的权利。[1]在其后的二三十年里，11个南部州里有10个修改了宪法和法律，为黑人投票设计出一整套"合法"障碍来取代非法手段，其中最臭名昭著的是文化水平测验和人头税（Poll taxes）。文化水平测验要求投票前必须通过英文读写测验（如背诵和解读美国或本州宪法），未通过者不得投票。但一方面，识字的黑人往往被告知他们的测验"不及格"，因而不准投票；另一方面，文盲的白人却可借助所谓"祖父条款"被允许投票。[2]

人头税是指获得投票资格前必须提供已纳税证明，未纳税或未能提供纳税证明者不得投票。到1904年，所有11个南方州都设置了人头税，其中7个州要求提前6—9个月缴税才能参加11月份的选举。

---

[1] "三K党"就是在这个时期兴起的。
[2] "祖父条款"允许那些其祖父是合格选民的人不参加文化水平测验。在内战后的美国，这些人只能是白人，不可能是黑人、印第安人或其他少数民族。

第一讲 民主的起源与演化

南部州本来就穷，1880年人均收入只有86美元，1900年也只有100美元，构成人口大多数的黑人就普遍更穷，他们根本无力缴纳人头税。与文化水平测验不同的是，在人头税方面并不适用"祖父条款"。美国有政治学家（如V.O.Key, Jr.和他的学生Frederic Ogden）辩称，人头税不仅没有妨碍黑人的选举权，反倒有助于消除对选举权的限制。不过，大量证据表明，实际情况恰恰相反，人头税是阻止黑人选举的最有效工具。

文化测验、人头税和其他歧视性法律障碍从一出台就遭到进步势力的反对，但它们一直持续存在至20世纪60年代中期。众议院在40年代5次通过法案欲取缔人头税，但南方保守势力阻止了参议院的行动。一直到1964年宪法第24条修正案通过，才在联邦选举中废除了人头税；两年后，最高法院再裁决州人头税违反宪法第14条修正案的平等保护条款。至此，财富才不再是阻碍公民投票的负担。投票的文化测验要求也要等到1965年的"民权法案"通过才被废止。在这以后，美国黑人（以及印第安人、华人等其他少数民族）才真正开始享受选举权，而此时距殖民初期只让成年白人土地所有者投票已经过去了350年。

美国妇女获得投票权的历程也十分曲折。早在1777—1807年间，新泽西州就允许拥有财产的白人妇女投票。过了一百多年后，1890年怀俄明州才在宪法中赋予妇女选举权。再过30年，即1920年第19条宪法修正案通过后，美国白人妇女方拥有选举权。不过，白人男性政治领袖的歧视和诸如人头税之类的法律障碍依然阻碍着妇女行使投票权。这种局面一直等到20世纪70年代第三波妇女运动兴起后才得到改变。也是在六七十年代民权运动的影响下，1971年通过的第26条宪法修正案才将投票年龄从21岁降至18岁。

上面我们简单介绍了三个国家实行普选权的漫长过程，其他西方国家的情况则大同小异。在20世纪上半叶以前，当欧美国家的选举早已变成是"自由的""竞争性的"时，很多重要的社会团体仍被剥夺了选举权。选举是有产者、社会精英的游戏，而其他人由于不是有产阶级，没有财产权，不认得字，在某个地方居住时间不够长，或性别、种族、肤色等原因，被排除在游戏圈外。英国工党领袖拉斯基回顾这段历史时，说了一段话可谓一针见血："自由派的理想是让中产阶级分享方方面面的特权，而让无产阶级留在锁链中。"

那么当"自由的""竞争性的"选举也变得"普遍"以后，选举是否就能让人民真正当家做主呢？选举是否就不再具有"贵族""寡头"性质了呢？让我们回想一下民主的原意：人民的统治。即使由于规模较大的现代国家不能实行古希腊那样的直接民主，即使我们接受代议制的原则，即使公民不能人人都担任公职，直接参与政治决策，民主的原则至少要求所有公民都应有担任公职的平等机会。在不能实行直接民主的情况下，公职的平等分布本是民主的题中应有之义。然而，早期自由主义者鼓吹的代议制政府都是建立在对选举权的形形色色的限制之上的，完全违反了民主的原则。在19世纪和20世纪上半叶，无论是支持者还是反对者，其注意力都集中在投票权的扩展上，一直到全面实现普选。那时人们争取的政治平等就是选举权的平等，似乎，选举权平等了，政治平等就实现了。与此同时，当选者的财产资格也逐渐消失。这两个变化使人们相信，只要政府是经过普选产生的，它就是民主的；反之，只要政府不是经过普选产生的，它就不是民主的。在此过程中，民主的概念被偷换了：从人民行使主权的政体（government by the people）变为人民作为权力来源的政体（government by the consent of the people）；政治平等的概念也被偷换了，从公职分布的平等变为了选举权的平等。有意无意之间，人们忽略了问题的另一面：即使选举是自由的、竞争性的、普遍的，并非所有的公民都有担任公职的平等机会，因为与抽签制不同，选举本身就是一种不平等的做法，它不可能把所有公民都看作公职的潜在候选人，因而不可能给所有人提供担任公职的平等机会。虽然法律并不阻止一般人参与竞选公职,但竞选必然偏爱"出众""出色"之人,即便不是皇亲贵胄、名门望族、社会贤达,也必定是仪态出众、辩才无碍的硕彦名儒、干练之士。例如,在号称"最民主"的美国,显赫政治家族掌控美国国家权力在历史上几乎从未间断,亚当斯、汉密尔顿、塔夫特、哈里逊、罗斯福、肯尼迪、洛克菲勒这些家族都曾风云一时。即使在2008年角逐总统候选人提名者那些人中,希拉里是前总统克林顿的妻子;麦凯恩是将门之后,父亲与祖父都是海军上将;罗姆尼是前密歇根州州长的儿子;只有奥巴马是圈外人,但他被肯尼迪家族相中。更不要说,小布什、老布什两代人都担任总统,小布什还有兄弟任州长了。在政治体制几乎完全效仿美国的菲律宾,独立后的14名总统中至少12人沾亲带故,国会大部分议员来自100多个名门望族,在250名众议员中,纯粹平民出身当选的只有11人,参议院的24个席位则几乎全由"贵族"子弟掌控,阿基诺、加西亚、拉莫斯、洛佩兹、马可斯等名字在国会成员名单上反复出现。因此,在选举中,人们往往很少关心候选人代表的党派和他们的立场,而是问:"这是谁家的孩子?"别看在很多国家,选举花招层出不穷,场面热闹非凡,公职(或代议士)的位置实际上被保留给社会的上层阶级。

民主本来意味着当政者也应是普通人,与受他们管理的人在生活方式、习性、关切等方面非常接近。以选举为特征的代议制却具有贵族制特征,即当选者与一般的选民在社会背景上十分不同。在第三讲里,我将试图讨论为什么会出现这种状况以及其后果,在这里我只想指出,当人们不再关心与抽签相比选举能否使公职在公民中平等地分布、不再追问现代代议机构如何分配作为稀缺物品的公职,从而陷入选举的迷思时,被他们认为是"民主"的体制实际上不是民主的正品,而是赝品。

令人不得不啧啧称奇的是,19世纪以后,选举的贵族特征就不再是政治辩论和理论探索的议题。在当代政治理论家中，只有为数不多的几个人注意到当代选举的贵族特征。卡尔·施密特（Carl Schmitt，1888—1985）是话说得比较直白的一位。他看到了选举的双重特性："与抽签相比，正如柏拉图和亚里士多德指出的，用选举的方式确定政治领导人是一种贵族式的做法。但与由上级任命或世袭继承比，这个做法又显得有点民主。在选举中，这两种潜在的可能性同时存在：它既可以有抬升上等人、领袖地位的贵族特征，又可以有任命代理、仆人的民主特征；与当选者相比，选民既可以显得像下属，也可以显得像主人；选举既可以服务于代表（representation）原则，又可以服务于同一（identity）的原则。只有在具体情况下，我们才能判断选举的真正含义。如果选举的目的是实现严格意义上的代表（true representation），它不过是贵族原则的工具；如果选举的目的仅仅是用来挑选带从属性的代理人（dependent delegate），它不失为一种民主的方法。"

其他一些理论家也认识到现代民主的贵族特征，他们认为这是不可避免的、天经地义的，但似乎不情愿用"贵族"来描述他们心仪的民主，而是代之以模糊的、可以糊弄人的"精英"二字。例如，韦伯（Max Weber，1864—1920）自称是民主的拥护者，但他公开声明不相信人民主权的可行性。他认为，人类社会只可能有一种政治，那就是职业政治家的统治；现代代议制民主与其说是通过选民投票选领导人，不如说是一些"恺撒式"的政治精英通过"蛊惑煽动"来招募追随者。在韦伯看来，这种"蛊惑煽动"并没有什么见不得人的地方，它总比密谋政治要好。韦伯对现代民主的思考影响甚巨。在20世纪西方主流思想界，我们不难看到韦伯的身影。与韦伯一样，米歇尔（Robert Michels，1876—1936）、熊彼特（Joseph A.Schumpeter，1883—1950）、拉斯韦尔（Harold Lasswell，1902—1978）、李普塞特（Seymour Martin Lipset，1922—2006）、萨托利（Giovanni Sartori，

1924—2017）、亨廷顿（Samuel P.Huntington，1927—2008）这些"民主"理论家关心的不是如何最大限度地实现民主原则，而是费尽心机去探究一种"最低限度的民主"，即精英民主。他们认为，社会分化为大众与精英是天然的，前者掌权、后者被统治也是不可避免的，或用米歇尔的话说"民主导向寡头政治，而且必然包含着一个寡头核心"。在这个前提下，民主不可能是人民的统治，只能是一种让精英通过竞取人民的选票来获得领导权的制度安排。这样，选举变成了民主的代名词，人民的作用不再是参与治国，不再是决定和影响公共政策，而是接受或拒绝这些精英或那些精英的统治，至于精英的决策是否符合人民的意志，那是无关紧要的。现在不少人喜欢称当代所谓"民主"体制为"间接民主"，似乎它与符合民主原意的"直接民主"是一种政体的两个不同类型。实际上，这样的"民主"说到底不过是"选主"而已，是少数精英分子角逐政治权力的一种游戏，与民主的原意风马牛不相及，所谓"精英"云云只是"贵族"的遮羞布。[1]

1999年，一批政治理论家在耶鲁大学开了一个有关民主的研讨会，会上有人提出一个简单的问题：在千百年里，古典理论家一直担心，占人口多数的穷人会借助民主体制来瓜分有产者的财富，为什么今天的穷人在民主制下会缩手缩脚、不这么做呢？与此相关的是另一个问题：在很长时间里，有产阶级一直害怕民众一旦有了参与政治的权利，他们的财产权会受到侵害；他们十分敌视民主，并千方百计试图诋毁民主、颠覆民主。那么，为什么民主与有产者在经历了两千多年互相怀疑的紧张关系之后终于在资本主义制度下握手言和了呢？换句话说，在2000多年的历史里，民主一直被看作坏东西，为什么它最近一百年来突然变成了好东西？到底是有产者发生了变化，还是民主发生了变化？通过上面的介绍，答案应该比较清楚了：此"民

---

[1] 有意思的是，在不少西方语言中，"选举"（election）和"精英"（elite）具有相同的词根。

主"非彼民主。正如雪瓦斯基（Adam Przeworski）指出的那样，如果有产阶级得不到对其财产权的保障，他们是拼死也不会接受民主的。今天我们看到的所谓"民主"都是经过改头换面的民主，它们是异化后的民主、去势后的民主、无害化的民主、去功能化的民主。经过"自由""宪政""代议""选举""多元"一刀刀阉割之后，民主已从难以驾驭的烈马变成了温顺的小羊；穷人已没有办法利用它来实现他们最想实现的目标，他们甚至不再知道自己最想实现的目标是什么；富人也没必要害怕这种"鸟笼民主"，鸟笼内外依然是他们的天地。对有产阶级而言，既有唬人的"民主"之名，又无可怕的"民主"之实，这种玩意儿不是"好东西"又是什么？这让我不由想起拿破仑一句名言："真正的治国之道是利用民主的形式来行使贵族统治。"

# 第二讲　现代民主兴起的条件

当民主是个"坏东西"时，大概没人会关心在什么条件下它最可能出现。一旦民主被确定为是个"好东西"以后，就会有人希望知道在什么条件下它最可能出现，其目的也许是纯粹出于学术上的好奇，也许是出于政治上或外交上的需要——推动或阻碍民主的兴起。

上一讲已经谈到，作为"好东西"的"民主"已经不是原来意义上的民主。这一讲谈民主兴起的条件，当然不是讲原来意义上的民主在什么条件下最可能出现，因为在现代，迄今为止这种民主还没有大规模地出现。首先必须讲清楚的是，这一讲及下一讲讨论的"民主"已不是原来意义上的民主，而是现代主流思潮理解的"民主"，或现代真实世界里存在的"民主"，或简称"现代民主"。不预先讲清楚这一点可能导致概念上的混乱。

为了便于讨论，我们还需要借助社会科学的术语来明确一下讨论方式。"民主的兴起"在这一讲是所谓"因变量"，或需要被解释的现象；我们要探寻的是决定"因变量"的"自变量"，或可以用来解释"因变量"的那些条件。先让我们来解析一下因变量。

首先，"民主的兴起"里的"民主"虽然是个时髦的话题，它的含义并不清晰。如果翻开世界各地每天出版的报纸杂志，浏览互联网上的各类论坛，阅读各类学术书籍和期刊，我们随时随地会遇到"民主"这个词。表面看来，这个词指的是同一种东西；但如果稍微深究一下就会发现，当人们高谈阔论"民主"时，他们指的往往不是同一种东西。有时，人们有关"民主"的笔墨官司打得热火朝天，或争论得面红耳赤，但他们各自是在不同意义上使用这同一个词。这样的状况也不少见：同一个人在不同场合谈民主时，甚至在同一场合谈民主时，这个词的含义飘忽不定。

在我看来，人们今天往往在四个不同的意义上使用"民主"这个词。

第一个含义是民主的**法律条件**，即法律上规定民主的基本条件，其中包括公民、社团、社区能享受的公民权利和政治权利（如言论自由、出版自由、结社自由等）。有些人往往把这种东西叫作民主，当然它跟民主有关系，如果这种公民权利和政治权利不存在的话，也许民主确实不能运作。但是在严格意义上，民主的法律条件不能等同于民主，它仅仅是法律条文上的东西。

第二个常用的含义是**多元竞争**。第一讲提到，自熊彼特开始，民主已被理解为不同精英集团之间的竞争。现在许多人就是在政治竞争这个意义上来使用民主这个词。竞争涉及政治反对派在多大程度上是被允许存在的，不同党派之间的竞争是在多大程度上被允许存在的。需要注意的是，有些政体也许允许竞争，甚至激烈的竞争，但竞争只局限于几个很小的精英集团之间，完全不涉及普通民众，例如17世纪至19世纪英国托利党与辉格党之间的竞争。显然竞争也不是民主的真实含义。

第三个意义上的"民主"与民主的真实含义更接近一点，即**大众参与**。从这个意义上来讲，民主不仅仅是法律条文上是否允许人们参与政治，而是实际上人们在多大程度上参与了政治。这是两个完全不同的意义。很多国家的法律条文允许参与政治、保护公民政治参与的权利，但是由于种种原因，很多人实际上并不参与。在后面讨论民主实效时，我们会看到，在号称"民主典范"的一些国家里，公民参与是既不充分，也不公平的。如果一个国家自称"民主"，但很大一部分公民实际上被排斥在政治过程之外，对这样的"民主"也许得加上一个大大的问号。

最后一个意义上的民主是**政府对人民的回应性**，即政府的政策在多大程度上反映了公民的需求、要求和偏好，这种意义上的民主更贴近民主的真实含义。前三个意义上的"民主"都偏重政治过程的"输入"端，而忽略了政治过程的"产出"端。如果一个政体在"输入"端看似程序民主，但它的实际表现却与广大人民群众的意愿背道而驰，把它叫作"民主"恐怕太勉强。

在谈到民主的时候，我们一定要区分是在哪种含义上使用这个概念。不然的话就会产生很多的混淆，产生不必要的争论。很多时候你会发现人们在那里争论得不可开交，实际上他们讲的不完全是一件事，那叫浪费时间。

其次，讨论"民主的兴起"还要区分"民主化"（democratization）与"民主的巩固"（democratic consolidation）。民主化是指从一种非民主的体制转化为一种民主体制的过程。在20世纪80、90年代以来出现了所谓"第三波"民主化，世界上几乎每一个地区都被第三波覆盖了。但民主化了并不意味着民主就能巩固下来。其实使用"第三波"这个说法就暗含了这么一层意思：很多国家的民主体制是脆弱的，存在一段时间后很快就会烟消云散，于是才有"第一波""第二波"，现在又有"第三波"；如果"第三波"像前两波一样退潮的话，今后还可能出现民主的"第四波""第五波"。从当今世界的现实情况来看，这种现象几乎随处可见。20世纪80年代末和90年代初，当第三次民主化浪潮开始从欧洲南部和拉丁美洲向东亚、东欧、苏联、撒哈拉以南以及其他地区蔓延时，许多人曾一度对涌动着的"世界性民主革命"浪潮的前景感到非常乐观。现在，十多年过去了，这种乐观主义已经有点明日黄花的味道。尽管美国政府一再宣称"民主政治赢得了最后的胜利"[1]，但那些曾努力估价第三

---

[1] 2000年6月26日至27日两天，在华沙举行的一次庆祝民主扩张大会上，作为大会举办者之一的美国国务院声称："民主政治赢得了最后的胜利。"美国国务院认为，在过去的四分之一世纪里，世界经历了"一场深刻的民主革命"，其根据是，在现有的192个国家中，有120个国家已经实行民主选举制度，占世界总人口的80%。

次浪潮作用的人却认为,现实并不像人们曾经期望的那般美好。在20世纪90年代初摆脱了集权统治的100多个国家中,目前只有不到20个国家"明显地有望实现日渐成熟、运转良好的民主制度"。除十几个国家已经遭受了"民主崩溃"或"民主倒退"(如泰国、巴基斯坦、肯尼亚、黎巴嫩、莱索托、尼日尔、秘鲁、塞拉利昂、赞比亚以及几个后苏联国家)之外,大多数转型政府似乎都处于戴蒙德(Larry Jay Diamond)所称的"过渡区"或卡罗瑟斯(Thomas Carothers)所说的"灰区"。由于介于完全的独裁专制与稳固的民主制度之间,这一类的政治体制近来被贴上了各种各样的新标签,如"准民主"、"形式民主"、"选举民主"、"表面民主"、"假民主"、"弱民主"、"部分民主"、"虚拟民主"、"非自由民主"以及"不稳定民主"等等。然而,无论加上什么样的限制性形容词来强调这些体制的特点,都只会造成误导,因为它们大多数根本就算不上是什么民主。由此可见,民主巩固的条件和民主化的条件是不同的。

再次,谈"民主的兴起"还不应回避民主的质量问题。在很长一段时间里,当人们谈论民主时,他们通常接受一个未加言明的前提假设,即民主都是好的。正是在这个背景下,20世纪90年代时,大家都在谈民主化;到90年代中期的时候,一些人已经意识到民主化与民主巩固的区别,开始谈论民主的巩固问题。那时,不少人相信,衡量民主是否巩固可以用一个简单的标杆:即民主是不是已经变成了一个国家内大多数人都接受的游戏规则(the only game in town)。然而,严酷的现实告诉我们,即使民主的游戏规则被大多数人接受,即使民主体制得以巩固,未必所有的民主体制都是美好的。任何人只要对被看作民主的国家稍作比较(例如挪威与印度比较,或澳大利亚与菲律宾比较),就会了解已经巩固的民主也有质量上的差别:有些民主质量较高,有些民主质量低下,还有些民主不上不下。因此,一些人开始认识到,正如酒有优劣之分,民主也并不像一些人理解的那样是一种同质的东西。不把"好民主"与"坏民主"

区别开来，胡子眉毛一把抓地谈"民主的兴起"没有多大意义。与其笼统地谈"民主的兴起"，不如分别讨论在什么条件下"好民主"会兴起、在什么条件下只会产生"坏民主"。当然，衡量民主的质量是件非常麻烦的事情。对这个问题的讨论最近几年刚刚开始，目前在学术界还存在很多争议。

最后，讨论"民主的兴起"还需注意民主程度的量化问题。不少人倾向把民主看成非白即黑、非此即彼的问题，似乎一个国家只能被定义为"民主"或"非民主"。实际上，无论是历史地看，还是横向比较，我们都会发现"民主"不是一个有无的问题，而是一个程度问题。否则，把今天的英国与13世纪的英国都划入"民主"是十分荒谬的，正如把奴隶制盛行的美国与今天的美国都划入"民主"是荒唐的一样。

近几十年来，不断有学者、学术机构、国际组织试图把"民主"量化。要注意的是，被量化的可能是不同意义上的"民主"。最早尝试量化"民主"的是罗伯特·达尔（Robert Dahl，1915— ）。在1971年出版的《多头政体：参与与反对》（*Polyarchy: Participation and Opposition*）一书里，达尔用"竞争"与"参与权"两个指标度量了114个国家的民主程度。[1]此后这方面的尝试逐步增多，其中最著名的是"宛汉冷指数"（Vanhanen Index）、"政体指数"（Polity Index）、"自由之家指数"（Freedom House Index）。这三个指数都包括150个以上的国家，且不断更新。尽管具体的概念化和操作化方式不同，它们都用两个"输入端"指标度量"民主"。例如，"自由之家"每年发布的全球民主指数强调得更多的是法律条件。最近几年，一个德国研究机构"贝塔斯曼基金会"（Bertelsmann Foundation）定期发布"贝塔斯

---

[1] 达尔认识到，现代民主都不是完全意义上的民主，因此他自创了"多头政体"这个词来描述现代民主。不过，在其著作中，达尔往往交替使用"民主"和"多头政体"这两个名词。

曼转型指数"（Bertelsmann Transformation Index，简称 BTI 指数），该指数包括了更多的指标，但有些指标似乎与民主没有直接关系。2007年英国期刊《经济学人》也公布了一个全球民主指数，其指标包括了法律条件、多元竞争、大众参与和政府的回应性。

明白了因变量的准确含义后，我们才能清晰地提出需要讨论的问题：在什么样的条件下，一个国家最可能从不民主的体制转向民主的制度？为什么有些国家的民主制度能够逐步巩固起来，而另外一些国家的民主体制却如昙花一现？为什么有些国家的民主质量比较高，而另外一些国家虽然发生了所谓民主化，民主体制也得以巩固，但民主质量不太高甚至很差？

不管是民主化的条件、民主巩固的条件，还是高质量民主的条件，都已经有了一些实证性的研究，它们用来解释因变量（民主的兴起）的关键自变量主要集中在以下五个方面：一是**经济发展**，二是**阶级结构**，三是**文化影响**；四是**市民社会**，五是**社会资本**。下面我将对这些方面的研究做简短的介绍与评论。最后我会引入一个新自变量，即国家能力，讨论它与民主化、民主巩固及民主质量之间的关系。

## 一 经济发展与民主

我们可以先来做一些基本的观察，看经济发展与民主之间是否存在某种关系。首先是跨国的观察，即在某一个时点上我们观察不同国家的经济发展的水平跟这个国家采取的政治制度之间有什么关系。图表 2-1 显示的是人均 GDP 和自由之家民主指数之间的关系，我们可以看到，两者之间存在比较显著的相关性，即经济越发达的地方，就越倾向于采用民主制度。如果我们换另一种民主的衡量指标，使用自由之家的民主指数，我们可以观察到相同的现象，即经济越发达的地方，民主程度越高。

图表 2-1 跨国观察：20 世纪 90 年代民主与人均收入的关系

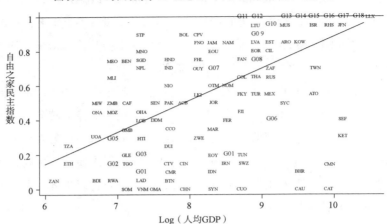

当然我们也可以用历史数据来进行比较。图表 2-2 使用了 Polity（民主指数），它展示了在 1800 年到 1998 年近两百年间，民主得分在 8 分及以上的国家数量。这里我们看到，总的来说，随着时间的推移，民主得分在 8 分以上的国家越来越多。我们知道，从 19 世纪以来，

图表 2-2 时序观察：民主得分在 8 分及以上的国家数量（1800—1998）

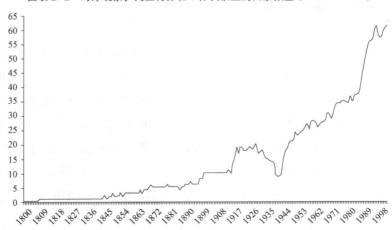

世界整体的经济发展水平越来越高。从这个角度来说,我们也看到一种相关关系:世界经济越发达,民主的国家也随之越多。

图表2-3做了一个地域的分解,即从1840年到2000年期间,亚洲、拉丁美洲和OECD国家民主得分的平均值。同样我们可以得出结论,随着经济的发展,不同地区国家的民主程度趋向越来越高。

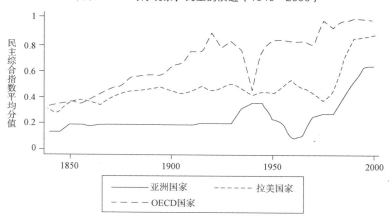

图表2-3 时序观察:民主的演进(1840—2000)

图表2-4显示的是所谓民主的三个波峰。从1812年到1910年前后是第一次民主化浪潮,但从1910年到二战以前很多国家从民主变成不民主;从二战结束以后一直到1965年前后是民主浪潮的第二波,不过到1965年以后很多国家又从民主变成不民主,是第二次民主退潮;1974年从南欧开始,一些国家又开始民主化,由此开始了民主的"第三波"。从图表2-5看,每一波民主浪潮过去之后,虽然会有退潮,但下一波民主浪潮之后,会有更多的国家采取民主政体的形式,这似乎也与世界总体的经济发展水平有点关系。

前面的同时段跨国观察和跨国时间序列观察,很容易让我们得出一个结论,即经济的现代化是一个线性的、不可逆转的过程,经济和

第二讲 现代民主兴起的条件

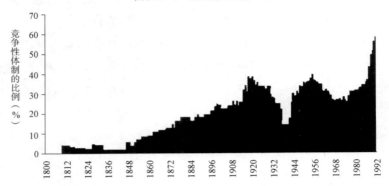

图表 2-4　民主的三"波"

社会的现代化构成了实现民主的先决条件。这就是所谓现代化理论：随着经济和社会的现代化，政治上一定会现代化、民主化。虽然大多数人未必熟悉这个理论，但是在日常生活中，很多人似乎都接受了这种理论。比如我们经常听到有人言之凿凿地说，中国经济发展到一定程度，必须要实行政治改革（即采取西式民主体制）。当然，究竟什么程度是"一定程度"，人们没有共识。不过，说这话实际上就接受了经济现代化与政治民主化之间存在线性逻辑关系的理论。

这个理论是李普塞特（Seymour Martin Lipset）在 1959 年的一篇文章《民主的一些社会条件：经济发展与政治合法性》（"Some Social Requisites for Democracy: Economic Development and Political Legitimacy"）中提出来的。他认为民主出现与否跟经济发展水平之间是紧密相关的。经济发展水平越高的国家，就越有可能实现民主，并越可能使民主得以巩固。这里面有两个假设：一个假设是经济的发展可能促使民主出现，一个假设是经济的发展可能帮助民主巩固。现在回头看，他当时的研究方法是非常原始的。他观察了两组国家：一组是欧洲的国家，一组是拉丁美洲的国家；然后分开来看，比较每一组国家平均的收入，结果发现两个地区里面，民主国家的平均收入都要高于专制国家（见

图表 2-5），因而得出经济发展是民主政治必要条件的论断。

图表 2-5 李普塞特 1959 年的观察

| 国　家 | 人均收入 $ |
|---|---|
| 欧洲民主国家 | 420—1453 |
| 欧洲专制国家 | 128—482 |
| 拉美民主国家 | 112—346 |
| 拉美专制国家 | 40—331 |

后来也有人试图从反面解释为什么经济不发达、经济水平比较低的时候要采取民主政权的形式比较困难。他们认为经济增长和政治民主之间可能是有矛盾的，因为经济增长可能会对人们有很多要求，可能会迫使政府采取一些特殊的措施；而在民主条件下，这些措施是无法实施的。例如，罗森陶（Richard Lowenthal）认为，政治自由程度的每一次扩展都会以经济发展的减速为代价；反之，经济发展的每一次提速都会牺牲掉一些政治自由。印裔著名经济学家巴嘎瓦蒂（Jagdish Bhagwati）也认为，落后国家不得不面对"快速发展与民主进程之间的残酷选择"。

现代化理论中最关键的一点就是，经济发展有利于实现民主。那么为什么经济增长会导致民主？经济增长是通过什么中间机制影响政治制度朝民主方向变化的呢？这个问题还得要做更进一步的分析。在以往的研究中，人们提出了经济发展影响政治制度的四种机制：

第一，经济增长会改变政治文化。经济增长使得更多的人受到更高程度的教育。这些人会变得主观上更独立、更有个性、更理性、更能够容忍不同意见。所有这些东西都是政治文化的组成部分，当经济增长导致这些观念上的变化以后，社会就更容易实施民主政治。

第二，经济增长会改变阶级结构。经济发展会提高人们的生活水平，会在社会里逐步形成一个比较大的所谓"中产阶级"，他们倾向于求稳怕乱；同时，对下层阶级来说，由于经济增长了，他们也有望水涨船高，因而不必再用过激的革命方法来谋求改变自己的经济社会地位；另外，因为经济增长引发其他阶级立场的变化，上层阶级对政治民主化也没必要采取抵制的态度了。换句话说，经济增长可能会让每个社会阶级都支持比较平缓的政治变迁，这样更容易实现民主。

第三，经济增长会改变国家与社会之间的关系。经济发展会在社会中创造出更多的机会；社会的出路多了，人们便不必都去追逐政治上的权力。这使得政治不再是一场你死我活的斗争，不再是零和博弈，大家更容易达成妥协，也有利于实现民主。

最后，经济增长会导致大量中间组织或中介机构的出现。社团等中间组织的大量涌现，使得人们有机会在日常生活中学会如何用民主的方式处理大大小小的问题，学会如何与形形色色的人打交道，这也有利于民主政治的实现。

总之，经济增长影响政治体制的作用途径很多，以上四种是经常被人提到的：经济增长影响政治文化，影响阶级结构，影响国家与社会之间的关系，导致市民社会的出现。这四方面的变化据说都会使人们相互之间变得更加容忍，因而大幅减少人与人、阶级与阶级之间的冲突，为实现民主政治创造出有利条件。

现代化理论听起来似乎与人们的直观大致吻合，不无道理，但深究起来，未必如此。这个理论暗含一些基本假设：历史是一个线性发展过程，从经济落后到经济繁荣，从不民主到民主；通向民主的道路只有一条；民主化是一个漫长的、缓慢的、和平的过程，而不是阶级冲突的产物；穷国首先要在经济发达之后，才可能实现政治上的民主。[1]那些接受现代化理论的人必须认真思考这些暗含的假设能否站

---

[1] 由现代化理论还可以导出这样一个推论：民主制度只能移植到那些相对富裕的国家，不能强加给经济落后的国家，否则民主不能存活。

住脚。实际上,从现代化理论问世之初,就有对它的批评者。查默斯·约翰逊(Chalmers Johnson)在 1966 年出版的《革命性的变化》(*Revolutionary Change*)一书中就谈到,经济增长、社会发展以后可能导致社会的失序,甚至导致革命和骚乱。另外,亨廷顿(Samuel Huntington)在 1968 年的著作《变革社会中的政治秩序》(*Political Order in Changing Societies*)中就谈到,经济增长、社会发展不仅可能不导致民主,反而有可能导致社会不稳定;当一个国家经历急剧社会变迁时,它需要稳定的政治秩序。20 世纪 60 年代是风雷激荡的年代,不但第三世界风起云涌,连发达资本主义国家也面临激进运动的挑战;同时,在拉丁美洲,一些原本已经实现民主的国家却遭遇军人政变,演化为威权体制。这一切都看似与现代化理论的预测背道而驰。约翰逊、亨廷顿的理论就是在这个背景下出台的。[1]

自从现代化理论被提出来以后,还有人不断试图将它进行修正、细化、发展,其中一位是"转型理论之父"(Father of Transotology)罗斯托(Dankwart A.Rustow)。在 1970 年发表的《民主的转型:一个动态模型》("Transitions to Democracy: Toward a Dynamic Model", *Comparative Politics*, April, 1970)一文中,他认为现代化理论提出的所谓民主化前提,可能是误把相关关系当作因果关系。这也就是说,经济现代化与政治民主化之间可能只有相关关系而已,未必有因果关系。他提出了民主化的四个阶段性过程:第一阶段是国家要统一。一个分裂的国家是不能实行民主的,国家统一是实现民主的前提条件;况且民主本身并无力解决国家统一问题。第二阶段是在发展过程中出现一系列冲突,导致政治上的僵局;在这样的情况下,社会别无选择,才会转向民主,以求共同生存。第三阶段是政治精英有意识做出

---

[1] 无独有偶,20 世纪 80 年代末,当中国社会出现动荡的苗头时,一些中国的新权威主义者就很看重亨廷顿这本书,并迅速把它翻译成中文。具有讽刺意味的是,这些人后来却随着自己境遇的变化阴错阳差地易帜为"自由主义者"。

民主转型的选择。最后阶段就是人们对民主生活习惯化,使民主制度得以巩固。显然,罗斯托的理论与现代化理论有很大的不同。前者认为,经济发展诱发的冲突是民主转型的动因,而后者认为经济发展会缓和社会冲突。

另一个人是罗伯特·达尔,作为当代西方最有影响的民主理论家,他认为西方体制都不是理想的民主,而仅是多头政体而已。1971年,他出版了《多头政体》一书,在这本书里,他提出了一个很有意思的想法,即经济增长和政治民主之间可能存在这样一种非线性关系:只有在特定发展条件下,经济增长才会促进政治民主。他认为,有一个民主转型的理想区间,其下限是人均GNP为100—200美元(按1957年美元价格计算),其上限是人均GNP为700—800美元。当一个社会的经济发展进入这个区间时,民主转型的可能性最大。当经济发展水平低于下限时,实现民主的可能性极低,经济发展不发展对政治体制影响不大;当经济发展水平已经高于上限时,实现民主的可能性非常高,经济进一步的发展也不太可能对政治体制带来实质性的影响。达尔的这个非线性发展论对后来的学者有很大启发。

亨廷顿在1991年的《民主第三波》一书中也讲到民主的转型区间问题,他指出,这个区间大体是在人均GDP 1000美元到5000美元之间(按1980年美元价格计算)。人均GDP低于1000美元不可能实现民主;但当达到5000美元以后,再高也不会增加实现民主的几率;只有在这个转型区间内,以往的统治方式最难以维持,社会要求新的利益整合机制的呼声最高。亨廷顿也提出,经济增长与政治民主之间的关系不是线性的,而是"N"字形曲线关系,即当经济发展达到中低水平左右时,经济增长会提高向民主转型的可能性;之后的发展区间中实现民主的可能性会有所降低(人均GNP在2346美元到5000美元之间);但是在较高的经济发展水平上,民主巩固的概率会提高。

还有一位人称"钻石先生"戴蒙（Larry Diamond），因为他的姓 Diamond 意为"钻石"。最近几年此人非常活跃，你可以看到他往来于世界各国，像一个民主的传教士；他也是我们国家中央党校的常客。戴蒙认为，政治民主和社会经济发展之间存在很强的正相关关系，两者之间的关系是同向的，即经济发展水平越高，产生民主政体的可能性就越大，同时民主巩固的可能性也越大。但他指出，经济增长和政治民主之间不是线性的关系，而更接近于一个"N"字形的曲线：经济增长到一定阶段以后，实现民主的可能性先增加，后来又缩小了，然后再增加。[1]另外，他也提到，经济社会发展水平虽然是决定民主转型机会的一个重要因素，但它可能不是唯一的、决定性的，其他因素也可能发生作用。这也就是说，仅靠经济增长未必会导致民主。

有意思的是，最近很多经济学家也参与到民主转型的讨论中来，比如巴罗（Robert J.Barro），学过经济增长理论的人肯定对他比较熟悉。但很多人也许不知道，巴罗 1997 年就出过一本小书讨论民主、法制与经济增长的关系。他在里面讲到，没有经历过经济发展的国家一般很难实现民主，也很难使民主得到巩固；只有那些经历了真正的经济增长的国家，实现民主的可能性才会增加。同时他也强调，政体类型与经济增长之间不是线性关系。

最后，我在这里想介绍一下原芝加哥大学教授、现纽约大学教授雪瓦斯基（Adam Przeworski）的研究。2000 年的时候，他跟一些学生和同行编了一本《民主与发展》（*Democracy and Development*）的书，专门讨论民主和发展之间的关系。在这本书中，他提出了一个很有意思的观点，即经济发展不一定能导致民主，民主可以在任何情况下随机出现。换句话说，在经济发展的任何水平都可以出现民主。在

---

[1] "Economic Development and Democracy Reconsidered," In Gary Marks and Larry Diamond( eds. ), *Reexamining Democracy* ( London：Sage )，pp.99-139.

一些被人们认为最不太可能实现民主的国家或地区，也出现过民主政权，所以经济发展和出现民主之间的关系并不那么重要。但是他指出，在比较穷的国家，民主的存活概率比较低，出现了也很容易夭折；但在比较富裕的国家，民主存活的概率比较高。于是乎，随着历史的发展，物竞天择，世界上出现了一批比较富的民主国家，因为那些富裕国家碰巧向民主转型后容易存活下来。从这种视角来谈民主和经济增长的关系的确更有意义一些。

雪瓦斯基在书里举了一些例子，如图表2-6所示，经济发展水平很高的国家，实际上也可能还在实行非民主的、专制的体制，比如新加坡、东德、伊拉克等。伊拉克在1979年时人均收入就已经达到8598美元，但它所实行的政治体制是非常不民主的。

图表2-6 专制体制下的人均收入最高水平

| 国家 | 年份 | 收入水平 | 国家 | 年份 | 收入水平 |
| --- | --- | --- | --- | --- | --- |
| 新加坡 | 1990 | 11698 | 匈牙利 | 1987 | 5650 |
| 东德 | 1988 | 10433 | 希腊 | 1973 | 5218 |
| 伊拉克 | 1979 | 8598 | 乌拉圭 | 1981 | 5162 |
| 苏联 | 1989 | 7.744 | 马来西亚 | 1990 | 5117 |
| 西班牙 | 1976 | 7390 | 波兰 | 1978 | 5102 |
| 加蓬 | 1976 | 6969 | 南韩 | 1987 | 5080 |
| 委内瑞拉 | 1957 | 6939 | 叙利亚 | 1981 | 4668 |
| 保加利亚 | 1988 | 6866 | 葡萄牙 | 1974 | 4657 |
| 阿根廷 | 1980 | 6505 | 阿根廷 | 1962 | 4541 |
| 墨西哥 | 1981 | 6463 | 阿根廷 | 1957 | 4355 |
| 伊朗 | 1976 | 6434 | 苏里南 | 1981 | 4220 |
| 阿根廷 | 1972 | 5815 | | | |
| 南斯拉夫 | 1979 | 5674 | | | |

图表 2-7 转向专制体制的国家（1951—1990）

| 国家 | 年份 | 收入水平 | 国家 | 年份 | 收入水平 |
|---|---|---|---|---|---|
| 阿根廷 | 1975 | 6055 | 危地马拉 | 1953 | 1509 |
| 阿根廷 | 1965 | 5011 | 厄瓜多尔 | 1962 | 1451 |
| 阿根廷 | 1962 | 4790 | 尼日利亚 | 1982 | 1419 |
| 乌拉圭 | 1972 | 4034 | 斯里兰卡 | 1976 | 1336 |
| 阿根廷 | 1954 | 3989 | 洪都拉斯 | 1971 | 1236 |
| 苏里南 | 1979 | 3923 | 菲律宾 | 1964 | 1217 |
| 智利 | 1972 | 3857 | 刚果 | 1962 | 1120 |
| 希腊 | 1966 | 3176 | 塞拉利昂 | 1966 | 1097 |
| 土耳其 | 1979 | 2957 | 加纳 | 1971 | 1042 |
| 秘鲁 | 1967 | 2694 | 洪都拉斯 | 1962 | 1042 |
| 苏里南 | 1989 | 2491 | 索马里 | 1968 | 1015 |
| 危地马拉 | 1981 | 2543 | 加纳 | 1980 | 978 |
| 秘鲁 | 1989 | 2247 | 巴基斯坦 | 1976 | 943 |
| 巴拿马 | 1967 | 2227 | 南韩 | 1960 | 898 |
| 秘鲁 | 1961 | 2148 | 苏丹 | 1988 | 765 |
| 玻利维亚 | 1979 | 2037 | 尼日利亚 | 1965 | 621 |
| 巴西 | 1963 | 1889 | 巴基斯坦 | 1955 | 577 |
| 危地马拉 | 1962 | 1693 | 乌干达 | 1984 | 576 |
| 泰国 | 1975 | 1686 | 缅甸 | 1961 | 312 |

图表 2-7 中列出了在 1951 年到 1990 年期间向专制体制转型的国家，可以看到，很多国家转向非民主体制的时候收入水平也是很高的。

总之，关于经济发展与政治民主的关系问题，现在几乎已经没有学者还愚蠢地坚持认为经济增长与政治民主之间存在线性关系。更多的人倾向于相信，经济发展与政体转型的关系如图表 2-8 所示，随着经济逐步发展，走向专制的可能性越来越小，而走向民主的可能性更像一个"M"字形曲线。这显然与简单的现代化理论有很大的不同。

第二讲 现代民主兴起的条件

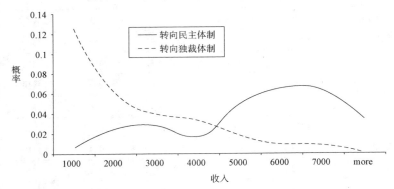

图表 2-8 不同收入水平上，政体转型的可能性

## 二 阶级结构与民主

现代化理论的一个主要缺陷是它"见物不见人"，只看经济发展的影响，忽略了具体的人的历史作用。简单地说，现代民主的兴起是从有限的选举权转向普选的过程。这个过程也是政治权力再分配和权力分享的过程，其间一定有人是推动力量，有人是反对力量。马克思主义的分析方法告诉我们，从权力关系的角度来看，那些最可能在民主转型中利益受损的阶级一定会抵制转型；相反，最可能从中受益的阶级就会支持转型。这个简单的理论假设让我们不得不分析阶级结构与政治变化的关系。

在民主出现以前的前现代国家，它的社会结构主要由以下几个阶级构成：在农村，主要是地主阶级和农民阶级；在城市，主要有新兴的资产阶级和工人阶级；在中间可能还有一个中产阶级。当时的社会大体上就是这样一个结构（见图表 2-9）。

图表 2-9 社会结构框图

|  | 主导阶级 | 从属阶级 |
| --- | --- | --- |
| 前资本主义（农村） | 地主 | 农民 |
| 资本主义（城市） | 资产阶级 | 工人阶级 |

中产阶级

那么，哪些阶级会支持民主的转型，哪些阶级会反对民主的转型呢？最近这些年，我们经常会听到一种关于中产阶级的"神话"，即"中产阶级有利于民主的出现"。实际上，这种说法可以追溯到2000多年前的亚里士多德，虽然他并不喜欢民主，但是他认为，人在比较宽裕的情况下比较容忍，不会走向极端，有利于实现民主。他在《政治学》中说："如果一个国家里的公民都拥有不多但足够的财产，这个国家便是幸运的，因为贫富悬殊过大可能导致极端民主制或纯粹寡头制……当一个社会里中产阶级占主导地位的话，民主会更安全、更长久。"前面提到的李普塞特完全同意，他说，"从亚里士多德到当今，不少人都曾论证，只有在一个富庶的社会里，当很少人生活在赤贫状态时，大众才可能理性地参与政治，自我节制以避免成为不负责任煽动家的俘虏"。

但是马克思主义者的看法不一样。我在这里讲的马克思主义者，不是政治上的马克思主义者，而主要是学术上的马克思主义者，他们可能并不是共产主义者、社会主义者，但是分析的方法是用马克思主义的方法。有些人可能读过巴林顿·摩尔（Barrington Moore）于1966年出版的《专制与民主的社会根源》（*The Social Origins of Dictatorship and Democracy*）一书。在这本书中，摩尔分别分析了前资本主义社会的阶级结构和资本主义社会的阶级结构；他认为地主阶级与资产阶级之间的力量对比是解释民主转型的关键变量。前资本主义社会的阶级结构主要由地主和农民构成。在这种阶级结构下，地主在很大程度上要使用暴力的方式来处理与农民的关系，压榨农民。既然民主将使维持这种暴力关系变得非常困难，地主阶级一定会极力反对、抵制民主转型。因此，在地主阶级非常强、资产阶级非常弱的国家，要实现民主就几乎没有可能。资本主义社会的阶级结构主要由资本的所有者和工人构成。在这种社会结构下，资产阶级依靠的不是赤裸裸的暴力，而是依靠等价交换、市场竞争来赚取利润，他们因此不会抵制民主。由此，摩尔得出结论：资本主义的社会结构比前资本主义的社会结构更有利于民主的发展，"没有资产阶级就没有民主"。

其他使用马克思主义阶级分析方法的学者不一定得到这个结论。比如瑟本（Göran Therborn）1977年在《新左翼评论》上发表了一篇文章《资本的统治与民主的兴起》，[1] 其中他认为，争取民主的历史性斗争矛头所指主要集中在打破附加在政治参与上的重重枷锁。而除了瑞士以外，竞争性的资本主义本身都没有造就民主，反倒是资产阶级与工人阶级之间的基本矛盾，以及由此产生的工人运动，推进民主突破了统治阶级的界限。如果说资本主义与民主有什么关系的话，那是因为资本主义生产方式造就了一个比以往任何被剥削阶级组织能量更强的无产阶级。工人阶级的斗争不仅是为了更高的工资和更好的工作条件，同时也是为了争取政治民主。依据瑟本的基本判断，工人阶级才是民主最重要的推动力量。

15年后，三位学者（Dietrich Rueschemeyer，Evelyne Huber Stephens，John D.Stephens）于1992年出版了一本更系统的研究，其标题就是"资本主义发展与民主"。基于阶级分析，该书的逻辑出发点很简单：那些会在民主转型中受益的阶级将是民主运动的推动者与捍卫者；那些会在民主转型中受损的阶级将是民主运动的反对者，只要有机会就会想方设法开民主的倒车。对各国民主发展史的分析印证了三位作者的观点。地主阶级是民主最激烈、最顽固的敌人。虽然各国情况不尽相同，但没有一个国家里的地主阶级是拥护民主运动的；他们唯一的不同在于其反抗的能量。就像马克思所说的那样，小农阶级像一堆土豆一样不能互相团结起来；由于其固有的分散性，他们当然没有能力来推进民主。在某些历史阶段，资产阶级会扮演民主推动者的角色；一旦占据社会的统治地位，他们会害怕工人阶级政治力量的成长有朝一日可

---

[1] "The Rule of Capital and the Rise of Democracy," *New Left Review*, No.103 (May-June 1977): 3-41.

能变为潜在威胁；因此，他们会反过来阻止将普选权扩大到工人阶级。实际上，除了瑞士以外，在其他国家，工人阶级得到普选权都不是由于资产阶级的恩赐，而是他们自己通过激烈的社会运动争取到的。至于中产阶级，他们当然希望自己被包括到享有选举权的人群中，但在政治结盟方面会左右摇摆。有时，他们的代表人物会支持民主转型；有时，他们又会成为反民主力量的同盟军。德国魏玛共和国时期，由于经济危机带来的损害，中产阶级转向反对民主就是一个例子。说到底，工人阶级才是推动民主的最重要社会力量。在19世纪和20世纪前期，正是代表工人阶级的工会、社会党、共产党在争取普选权和责任政府的斗争中发挥了先锋作用，当然也不排除在一些国家，小农与城市中产阶级也扮演了积极角色。工人阶级之所以能够在推动民主转型的过程中举足轻重，其内在的组织能力功不可没。

与现代化理论相比，阶级理论至少在两个方面不同。第一，现代化理论认为资本主义有利于经济增长，经济增长本身有利于民主转型；阶级理论则认为不是资本主义本身有利于民主转型，而是资本主义引发的社会冲突以及阶级力量对比的变化（削弱了地主阶级，扩大了工人阶级和中产阶级，为这些阶级组织起来创造了有利条件）使统治阶级难以抵御民主化的压力。第二，现代化理论声称民主化是一个漫长的、缓慢的、和平的过程；而阶级理论认为民主化是阶级与阶级之间斗争的结果，是一个充满纷争、冲突，甚至暴力的过程，它至少要导致一个阶级被推翻，尤其是地主阶级。

## 三 文化与民主

有人认为，对民主的转型来说，经济发展不重要，阶级结构也不重要，政治文化却很重要。那么什么是政治文化？政治文化如何影响现实政治？政治文化是怎样与民主政治挂上钩的？民主的文化解释又能给我们什么启示呢？

这里我们可以先来做一个简单的头脑实验：比如说伊拉克，假设它采取美国宪法，把美国的制度原汁原味地搬到伊拉克，美国制度会不会在伊拉克生根发芽，开花结果？如果答案是"会"，那么就可以说制度很重要，制度决定一切；如果答案是"不会"，我们就要问一下为什么不行，是经济发展水平不够高？是伊拉克的阶级结构决定其反民主势力太强？还是因为它的政治文化与美式民主政治不搭配？当然，伊拉克实行民主制度的时间还太短，暂时看不清楚，但菲律宾应是一个可以看得比较清楚的例子吧。

美国于1898年占领菲律宾，把它变为自己的殖民地。1935年菲律宾成立自治政府时，其宪法便是由一批熟悉美国宪法的学者效仿美国宪法制定的，且通过美国总统罗斯福批准。虽然直到1946年菲律宾才独立，这部1935年宪法也在1946—1973年间适用。根据这部宪法，除了没实行联邦制外，菲律宾的政体几乎与美国一模一样。即使按照现行的1987年宪法（全世界最长的宪法之一），菲律宾的政体仍与美国高度相似，同样设置三权分立，有直选的总统、众议院、参议院、最高法院。在很长的时间里，菲律宾一直被誉为"东亚最悠久的民主"，被视为美国在亚洲的"民主橱窗"，用马科斯总统女儿艾米（Imee）的话说，菲律宾实行的是"（美国）制度的拷贝（a Xeroxed system）"。但美式的民主架构并没有让菲律宾逃过马科斯的独裁；自1986年"人民力量"推翻马科斯政权后，这套美式制度也没有让菲律宾避免长期的纷争与动荡。20世纪50、60年代，菲律宾人均国民生产总值仅次于日本，居亚洲第二；但现在它不仅被"四小龙"远远抛在后面，也落到其他不少亚洲国家后面，包括中国。

无独有偶，美国模式还有一个非洲版，即位于西非的利比里亚。利比里亚的国名（Liberia）原意为"自由"（Liberty），由美国黑人于1821年建立殖民地，受"美国殖民协会"派遣的总督管辖；其后于

1847年在美国政府支持下正式立国。该国的国旗与美国国旗非常相似,最好的大学叫"林肯大学",长期受到美国的援助,其政治制度更是几乎从美国照搬而来,也是三权分立,有直选的总统、众议院、参议院、最高法院。然而,这个非洲最古老的民主国家比菲律宾更糟糕,自1989年以来一直处于内战状态,是世界上最穷的国家之一,人均预期寿命只有40.4岁,不久前还出现过人吃人的悲剧。

"橘生淮南则为橘,生于淮北则为枳。"为什么在美国能够运作的制度,伊拉克、菲律宾和利比里亚舶来后却显得荒腔走板呢?其中原因很多,政治文化的差异恐怕扮演着一个非常重要的角色,如伊拉克是伊斯兰教国家;菲律宾80%以上的人口信仰天主教,另有5%的人口信仰伊斯兰教;利比里亚的美国黑人后裔虽然在政治上很有势力,他们只占人口的2.5%左右,大多数人信仰民间神灵或伊斯兰教。

在20世纪50、60年代的时候,人们便开始认识到文化的重要性。那时二战刚刚结束,人们开始提出疑问:为什么意大利、德国的民主体制在20、30年代相继垮台,然后成为法西斯主义温床?为什么大多数南欧、东欧国家在二战以后没有采取民主制度?为什么天主教国家好像与民主格格不入?这是50、60年代存在的问题,现在也有很多人会问:伊斯兰教会不会跟民主不搭配?是不是存在一种叫作所谓"亚洲价值"(Asian values)的东西?亚洲价值是不是与民主的关系不如新教文化那么密切?儒教能否与民主体制协调一致?

关于文化和社会体制的关系,比较早的研究是班菲尔德(Edward Banfield)在1958年写的《落后社会的道德基础》(*The Moral Basis of a Backward Society*)。这本书分析的对象是意大利,作者发现意大利南部的文化跟其他地区的文化很不一样。例如,这个地区居民之间的互信程度非常低,远低于意大利北部与中部,也低于其他西欧国家。班菲尔德认为,意大利南部之所以不仅经济上落后,政治上也落后,是因为这个地区盛行的家族主义(amoral familism)抑制了人们参与政治的热情和阻碍了市民社会组织的发展。

关于文化与民主关系研究最有影响的,可能是阿尔芒德(Gabriel Almond)和沃巴(Sidney Verba)1963年出版的《公民文化》(*The Civic Culture: Political Attitudes and Democracy in Italy, Germany, The USA, Britain and Mexico*)一书。这本书研究政治文化与政治制度的搭配问题,如果能搭配的话,当然没有问题;如果不能搭配的话,即使有看似民主的政治架构也未见得能实现民主。

近年来,当大家讨论文化和民主的关系时,提到最多的大概是帕特南(Robert Putnam)1993年出版的《使民主运转起来》(*Making Democracy Work*)一书。他也是对意大利的北部和南部进行对比,讨论文化和民主之间的关系。另外,亨廷顿1996年出版的《文明的冲突》一书耸人听闻地断言伊斯兰教、儒教与民主是难以搭配的;他甚至说所谓"儒家式民主"本身就是个自相矛盾的词组。2007年,清华大学人文学院有一位加拿大籍的教授丹尼尔·贝尔(Daniel Bell,中文名"贝淡宁")出版了一本书《超越自由民主:东亚背景下的政治思考》(*Beyond Liberal Democracy: Political Thinking for an East Asian Context*),其中也涉及儒家与民主的关系,跟亨廷顿的观点很不一样,有兴趣的读者不妨找来看看。

讲到文化与民主之间的关系,我们需要对文化、政治文化这两个词给出确切的定义。这里我不想纠缠到学术性的细节里面,简单地说,文化是指一个社会普遍接受的、代代相传的态度、价值和知识体系。政治文化则是指一国国民对各类政治标的物(自我、他人、民族、国家、政党、领袖、政策等)的特定认知方式、价值判断、态度、情感。那么,政治文化是如何与民主政治发生关系的呢?对于这个问题,不同的学者提出发生关系的四种不同媒介:即"公民文化"、政治容忍、[对生活的]主观满意程度(Subjective wellbeing)、解放价值(Emancipative values)。

**公民文化与民主**

公民文化理论的开山之作就是前面提到的 1963 年出版的《公民文化》一书；四分之一个世纪后，该书的两位作者又于 1989 年编辑出版了一本题为"公民文化：再思考"（*The Civic Culture: revisited*）的论文集来重新讨论这个议题。两位作者把世界上各种各样的政治文化分成三大类：一种叫作"愚民文化"（Culture of Parochials），即未开化人的文化；第二类叫作"臣民文化"（Culture of Subjects），就是俯首称臣，甘心做顺民；第三种叫"公民文化"或者"参与者文化"（Culture of Participants）。他们认为在愚民文化下，要实现民主可能性很小，因为这些人没有意识到自己被统治，因此不会来争取任何政治权利。对生活在愚民文化下的人来说，"天高皇帝远"足矣。在臣民文化下，人们可能已经认识到了政府的存在，他们也知道自己是被统治者，但他们并不认为自己在政治过程中可以发挥什么作用，而是心甘情愿地当顺民，所以当这种文化占统治地位时也不会出现民主。只有在公民文化占主导地位的时候，民主才可能出现。因为在这种文化下，人们才对自己充满自信，对他人愿意宽容，对政府有很多期待，知道自己不满意的时候可以抗议，也知道自己可以选择自己的政治领袖，对政治决策施加影响。

图表 2-10 是公民文化理论倡导者画的一张示意图。他们当然知道，在一个社会里面，不可能 100% 都是公民文化，或者 100% 是臣民文化，或者 100% 是愚民文化。但是公民文化论者们通常认为：在第一种情况下，有公民文化的人占多数，约占 60%，臣民文化的大约占 30%，愚民文化占 10%，基本可以把这种比例搭配的社会称之为公民文化的社会。在这种社会中就比较容易实现民主。其他第二、第三、第四种搭配都会有问题。比如说第二种搭配，有臣民文化的人占 80%，公民文化的占 10%，愚民文化的占 10%，这种情况下不可能实现民主。同样在第

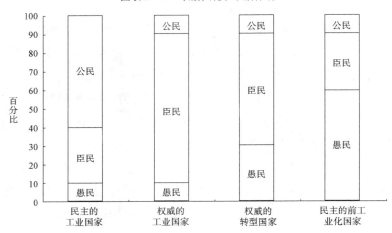

图表 2-10 政治文化和政治体制

三、第四种情况下也不太可能实现民主。这一理论也不是说当一个社会中全部都是有公民文化的人,就最有利于实现民主,而是相互之间有一个较为平衡的混合,把臣民文化、愚民文化与公民文化混合搭配起来可能是比较好的,他们将此称之为平衡的差异性(balanced disparity)。这种平衡的差异性是实现民主政治的最佳文化条件。

阿尔芒德和沃巴把五个民主稳固程度不同的国家分成三组来验证其理论假设:美国和英国是高度稳固的民主,德国在 1963 年前后已变成一个中度稳固的民主,民主体制在当时的墨西哥和意大利还不太稳固。他们发现,按照他们的定义,美国和英国的公民文化果然最好,德国居中,而墨西哥和意大利就很差了。这种研究方法在今天看来是非常粗糙的,但在当时来看,这种很简单的对比研究却是很有创造性的。

这里也许有人会问,一个国家的政治文化难道是一成不变的吗?公民文化一旦出现就会永远存在吗?它会不会发生衰败?例如,在 1963 年出版《公民文化》一书时,作者认为"英国的政治文化接近于公民文化"。但是,2002 年 4 月 16 日的英国主流大报《卫报》发表的一篇文章却发现,"这里的政治生活已经陷入了神秘、卑劣、猜疑的恶性循环，它彻底窒息了我们政治生活中的忠诚、信念、尊严。取而代之的是一种快速蔓延的犬儒主义和集体失信文化。好政府、好政策、好政治家出现的可能性比实现普选以来的任何时候都要低"。可见，至少在一些英国的政治观察家看来，该国的很多东西已经变得与所谓公民文化格格不入。[1] 又如，20世纪70年代以前，西方不少政治文化学者断言，民主最可能与新教发生关系，天主教强调等级、孕育臣民文化，不利于实现民主。但20世纪70年代中期以后，葡萄牙、西班牙以及拉丁美洲很多以天主教为主的国家都转向了民主，让这些预言家大跌眼镜。现在亨廷顿又断言，儒教、伊斯兰教与民主需要的文化条件背道而驰，未来会不会证明这个论断也是不正确的呢？我们似乎有理由相信，政治文化并不是一成不变的，而是永远处在动态的变化过程中。

**政治容忍与民主**

政治容忍是指人们愿意容忍其他人的政见，允许其他人享受与自己相同的政治权利，不管那些人自己喜欢不喜欢、看得惯看不惯。或用伏尔泰的那句名言说："我完全不赞成你的观点，但誓死捍卫你说话的权利。"在相当长时间里，不少人认为民主政体只能在政治容忍的文化里生存，因为如果不能做到互相容忍，而是互相残杀，一方上台以后就把对方的人抓入监狱，甚至统统砍头，哪里会有什么民主？只有当社会上大多数人都能接受基本的政治游戏规则（诸如言论自由、保护少数）时，民主政体才能运作。关于政治容忍与民主政治的关系，有大量的研究。图表2-11来自20世纪90年代发表的一份比较研究。从中可以看出，就政治容忍度而言，英国和美国的民众差不

---

[1] "Culture of Suspicion: New Labour and the Crisis of Politics," Leader, *Guardian*, April 16, 2002.

图表 2-11  四国政治容忍度比较

|  | 英国 | 美国 | 俄罗斯 | 南非 |
|---|---|---|---|---|
| 政敌应被允许公开集会 | 34 | 33 | 6 | 15 |
| 政敌应被允许公开讲演 | 51 | 50 | 10 | 25 |

图表 2-12  美国和英国公众的政治容忍程度

| 最不喜欢的群体应该 | 容忍度 | | |
|---|---|---|---|
|  | 英国 1986 | 美国 1987 | 美国 1978 |
| 被允许在公立学校教书 | 14% | 18% | 19% |
| 被禁止参加竞选 | 27% | 27% | 16% |
| 不被允许存在 | 31% | 32% | 29% |
| 被允许举行公开集会 | 34% | 33% | 34% |
| 被允许进行公开演讲 | 51% | 50% | 50% |
| 允许政府窃听他们的电话 | 62% | 63% | 59% |
| 被访者数量 | 1266 | 1215 | 1509 |

多，南非低得多，俄国就更低，90% 的民众对持不同政见者表现出非常不容忍的态度。

不过，反证也不少。斯托佛（Samuel Stouffer）在 1955 年曾做过一个研究，当时正是冷战的高潮，美国在冷战中还没有占据绝对优势的地位。在那个时候，美国人对自己制度的信心是相当低的。两年后，苏联发射了世界上第一颗人造卫星，美国人更是处于极度不安的状态。斯托佛在研究中发现，绝大部分美国人并不支持让左翼人士享受基本的公民权利，而是认为应该剥夺左翼人士（尤其是共产党人、无政府主义者）的言论自由、政治参与权利等。换句话说，当时大部分美国人奉行一种双重标准，一方面主张保护主流社会群体的各种权利，另一方面要求限制极端群体和左翼团体的权利。

到 1978 年纽恩等人（Clyde Z.Nunn，Harry J.Crockett，J.Allen

Williams, Jr）出版《容忍异己：一项有关美国民众对民权态度的全国性调查》(Tolerance for Nonconformity: A National Survey of Americans' Changing Commitment to Civil Liberties）时，他们发现当时的美国人变得比十几年前斯托佛做研究时更加能接受那些异己群体的政治权利，并把这种变化归功于人们教育程度的普遍提高。但苏利文、皮尔逊和马库斯（John L.Sullivan, James E.Piereson, and George E.Marcus）等人在1982年出版《政治容忍和美国民主》(Political Tolerance and American Democracy）一书却得出不同的结论，他们的数据显示，美国公众对政治异己的容忍程度实际上比纽恩等人说的要低得多；美国公众此时之所以不再像50—60年代那样激烈地反对给共产主义者、社会主义者或者无神论者些许自由，是因为他们认为这些人已造不成那么大威胁了。其深层次的原因是到1982年时，苏联的全球影响力已经下降，美国人已经不再为苏联展示的不同发展模式坐立不安了；在这种情况下，容忍程度自然就会更高一点。即便如此，图表2-12显示的美国人和英国人的政治容忍程度可能还是低得出乎很多人的意料。我们可以看到，直到20世纪80年代中期，仍有三分之二的两国公众支持政府窃听政治反对派的电话；仍有三分之一的两国公众不能容忍异己团体的存在；仍有超过四分之一的两国公众希望禁止异己分子参加竞选；更有80%以上的两国公众希望不要允许异己分子在公立学校教书。

2001年发生"9·11"事件以后，美国人牺牲公民权利的意愿（当然是牺牲其他人的公民权利）大幅飙升。图表2-13显示出了这种关系，当被询问"为了对付恐怖主义，你是否认为放弃一些公民自由是必要的"时，在1995年，因为当年4月19日刚发生过俄克拉何州联邦大楼爆炸案，有高达一半的被访者认为"有必要"；1997年，这个比例跌至29%。然而在刚刚发生"9·11"事件的2001年末，90%的人都赞成为了维护国家的安全，限制民权是必要的。

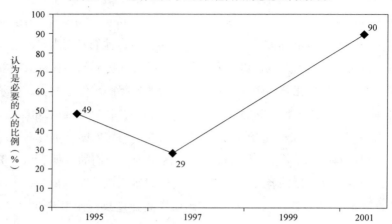

图表 2-13 恐怖主义与公民牺牲自由的意愿之间的关系

当政治容忍度本身被当成其他现象（如民主政治）的一个解释变量时，人们往往忽略了，随着外部威胁的消长，随着一个国家的公众对其制度的信心的增减，对异己势力的容忍度是会发生变化的。就像我们在前面提到的，美国冷战初期时非常不容忍反对派，后来容忍度有所提高，但发生"9·11"事件以后，恐怖主义又弄得美国人心惶惶，他们的容忍度随之又下降了。政治容忍程度变化可以如此之大，拿它来解释民主政治似乎过于牵强，除非我们认为美国一会儿是民主的，一会儿又变成非民主的。

**生活满意度与民主**

提出公众主观的生活满意程度与政治民主之间存在正相关关系的学者是美国密歇根大学教授、政治文化专家伊格哈特（Ronald Inglehart）。他定期主持大规模跨国调查，即著名的"世界价值调查"（World Value Survey）。从1990年开始，这个调查也包括中国。从跨国实证比较研究中他发现，如果一个国家的国民对生活的满意度高、人民之间的互信程度高、对异己的容忍度高,该国更可能采取和维持民主政体;反之,在那些满意度低、互信度低、容忍度低的社会,民主政体难以形成和稳固。

图表2-14来自他的一篇论文,它显示的是不同国家公众的生活满意度与民主程度之间的关系,横轴是一个国家公民的生活满意度得分,纵轴是"自由之家"测度的民主程度。可以看到,如果人们对自己的生活比较满意,这些国家就比较容易实现民主。右上角的国家(如荷兰、美国、比利时、瑞士等)都是民众对生活比较满意的,这些国家的民主程度也比较高;左下角的那些国家(如乌克兰、俄罗斯、白俄罗斯、亚美尼亚等)则相反。这张图里中国的位置很有意思,中国人的生活满意度相对还是比较高的,与西班牙、葡萄牙、韩国不相上下,但是中国的民主指数低于图中所有国家,这大概与"自由之家"的意识形态取向和评价体系有关,并不能真实地反映我们国家的民主水平。

图表2-14 主观生活满意度与民主

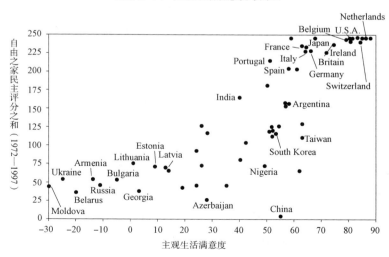

那么，为什么不同国家的人对生活满意度差异那么大呢？一般人马上会想到，决定生活满意度的最关键因素是一国的经济发展水平，或人均收入水平。图表2-15似乎证实了这个猜想，它显示人们对生活的满意的确与经济发展是有关系的；在人均收入高到一定水平以后（如17000美元），人们的满足程度的确不低。但这张图也不能完全排斥人们的生活满意程度受文化影响的可能性。在人均收入水平达到5000美金左右的近两打国家中，近85%的哥伦比亚人感到满意；墨西哥也有75%以上的人感到满意；但在俄国，满意的人只有不到40%；在白俄罗斯，满意的人甚至低于35%。这是否说明，拉美文化与东正教文化在人生态度方面的确存在较大的差别？这张图里中国的位置仍然很有意思，虽然在调查时，按购买力平价计算，中国的人均收入达2500美元左右，但高达78%的人对生活感到满意或感到幸福，高于波兰、土耳其、匈牙利、南非这些人均收入高得多又号称"民主"的国家。

图表2-16来自伊格哈特一篇较早的论文，它显示的是在1973年到1987年间欧洲一些国家民众生活满意度的变化趋势。我们可以看到，每个国家的满意度虽然会上下波动，但这些欧洲国家的相对满意度在十多年里没有太大的变化：有些国家一直较高，有些国家一直不高。如丹麦人的满意度一直在50%以上，高于其他国家；而意大利对生活满意的人很少超过15%，在这些国家中总是垫底。这张图的意义在于再一次证实，收入水平固然重要，但不是唯一的决定因素。否则就无法解释，为什么收入水平十分接近的国家，人们对生活的满意程度存在那么大的差异？更不能解释，为什么当时人均收入最低的爱尔兰在生活满意度上反倒高于英国、德国、法国。也许文化差异也非常重要。说到文化差异，宗教信仰的差异也许不像人们想象的那么重要。例如爱尔兰与意大利都是天主教国家，两国都有大约90%的人口信仰天主教，但两国国民的生活态度却有很大不同。

图表 2-15 不同经济发展水平下人们的生活满意度

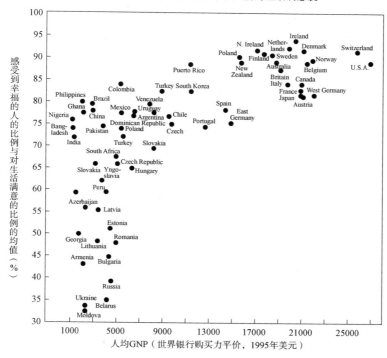

图表 2-16 欧洲部分国家的生活满意水平（1973—1987）

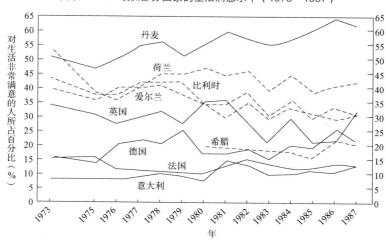

由此可见，文化是十分复杂的现象，很难一一确认其构成成分。但不管怎么说，只要生活满意度不完全由收入水平决定，反映了某种文化差异，把它当作一个解释民主政体的变量是说得通的。

**解放价值与民主**

在文化与民主的关系方面，我们要讨论的最后一个媒介叫作"解放价值"（Emancipative values）或"自我表达价值"（Self-expression values），这是伊格哈特教授及其合作者沃泽尔（Christian Welzel）最近几年提出的主张。什么是"解放价值"呢？这些学者把它定义为"强调自由、容忍和参与的价值观"。具体而言，"解放价值"包括以下几个要素：对个人自由和政治自由的向往，对挑战权威行为的支持，对他人和异端的容忍，对同胞的信任，对生活的较高满意度。由此可见，提出"解放价值"这个概念是为了发展出一个涵盖"公民文化"、"政治容忍"和"生活满意度"的更广泛的概念。利用"世界价值调查"的数据，这些学者首先对上述要素分别量化，然后加总计算出各国的"解放价值"指数，最后再检验解放价值与民主政治之间的关系。他们相信，强调自我表达的解放价值是一股强有力的解放力量，它有利于迫使精英对公众负责、回应公众的需求和要求，并按游戏规则行事，并因此有利于释放公众压力。这种解放价值应是民主政治运作的基石。

图表 2-17 展示他们的数据检验结果，从中我们可以看到，"解放价值"越高的地方，实现民主政治的可能性就越大。瑞典、新西兰、芬兰、荷兰、丹麦、加拿大、澳大利亚这些国家的"解放价值"指数最高，它们的"有效民主"指数也同样最高；津巴布韦、阿塞拜疆、伊朗、尼日利亚、巴基斯坦、埃及的"解放价值"指数最低，它们的"有效民主"指数也最低；两个指数都处于中间地位的是那些拉美和东南欧的转型国家，如希腊、西班牙、葡萄牙、马耳他、捷克、乌拉

图表 2-17 解放价值与有效民主的关系

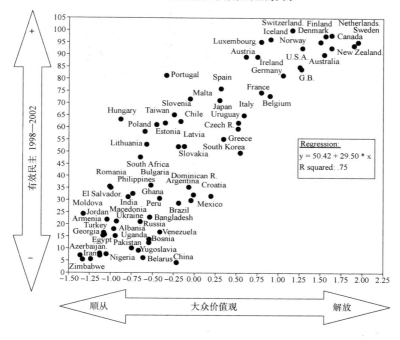

圭、立陶宛等,也包括东亚的韩国与中国台湾。中国的"解放价值"指数引人注目,它与智利、斯洛伐克、斯洛文尼亚、巴西的得分几乎不相上下,比所谓"民主"的中国台湾、爱沙尼亚、波兰、匈牙利、南非、菲律宾、印度的得分还高不少,但中国的"有效民主"的得分却很低。看来跨国比较研究一遇到中国就很尴尬,别处看似有规律的观察总难以适用中国。究其原因,国外那些主流研究者借以观察中国的有色眼镜是主要障碍。这里中国的"有效民主"得分大概就是透过有色眼镜看中国的结果。

"解放价值"理论的倡导者在图表 2-17 中看出了一些蹊跷,即世界上不同地区的国家似乎属于不同的文化圈。如果在图表 2-17 中还看不太清的话,将它简化一下,绘成图表 2-18 应该就比较一目了

图表 2-18 不同文化区域的解放价值与有效民主

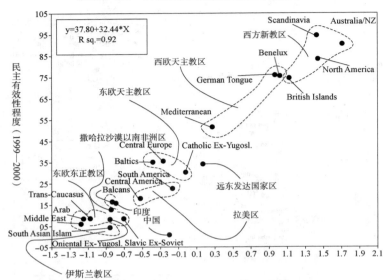

取向于解放价值的强度（20世纪90年代初）

然了。在图表 2-18 右上角那个地方分布的国家可以叫作"西方新教区"。这里所谓"西方"不完全是地理意义上的西方，而是文化意义上的西方，如地处大洋洲的新西兰和澳大利亚。新教文化似乎最适合民主政治的生长。图表 2-18 中比"西方新教区"稍微下来一点的是"西欧天主教区"，它包括德语国家（德国、比利时）、靠近地中海的西欧国家（如法国、意大利、西班牙、希腊），也包括拉丁美洲一些天主教国家（如乌拉圭、智利）。20 世纪 70 年代以前，研究政治文化的人一般认为天主教与民主很难融合，但图表 2-18 表明，天主教也可以成为民主政治生长的土壤，但也不尽然，如"东欧天主教区"里那些国家，如前南斯拉夫内的天主教国家、波罗的海国家、中欧的一些国家，那儿的民主水平就要低许多。"拉美区"处于"东欧天主教区"下方，包括中美洲和南美洲的一些国家，如巴西、墨西哥、阿根廷、多米尼加、秘鲁等。"东欧东正教区"则处于"拉美区"左下方，包括俄罗斯、乌克兰、塞尔维亚、亚美尼亚等国。与"东欧东正教区"紧密相连,但更接近左下角的是"伊斯兰教区",这里分布着埃及、伊朗、巴基斯坦、尼日利亚、约旦、土耳其等国。在这张图上,大概还可以确定一个"儒教区"。如果看图表2-17,日本、中国台湾、韩国应可以划在一个区内,这个区与"西欧天主教区"毗连,在"东欧天主教区"右上方。这么看来,"儒家思想"与民主的关系并不像亨廷顿说的那么格格不入,而好像是培植民主的沃土。问题是,本应是"儒教区"龙头老大的中国在这张图里却离该区甚远。

图表2-19实际上是图表2-18的进一步简化,从图表2-19中看得更清楚,最有利于有效民主生存的文化依次是新教、欧洲天主教、儒教、拉美天主教、东正教和伊斯兰教。

其实,不管是公民文化也罢,解放价值也罢,或者其他什么文化

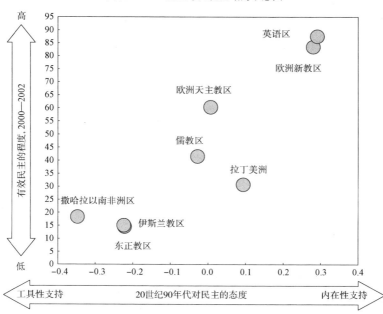

图表2-19 民主与文化区域的示意图

因素，只要我们接受对民主出现与否的文化解释，我们也必须接受这种理论视角暗含的一些推论：除非一个地方的政治文化是支持民主制度的，否则的话，这个地方无论经济发展到多高水平，社会阶级结构如何现代，它实现民主的可能性或者民主巩固的可能性仍然非常小。文化不比经济，它的变化速度很慢，其变速不是以年计，而是以十年、百年计。从这个意义上讲，20世纪90年代以后，很多国家很可能是在错误的、不适合民主生存的文化区域里推行难以生根开花的民主制度，比如伊斯兰地区，或者是撒哈拉以南的非洲国家，如果这些地方的政治文化与民主完全不搭配的话，由外部移植或强加的民主制度存活的可能性有多大就可想而知了。

文化解释的短处是，它不能解释文化差别本身从何而来，文化变迁如何发生。

## 四 公民社会与民主

20世纪90年代以后出版了大量与所谓"公民社会"相关的书，其中很多都讲到公民社会与民主的关系。那么，到底什么是公民社会呢？"公民社会"的英文是Civil Society，它其实不是一个新概念，霍布斯、卢梭、洛克、黑格尔、马克思、托克维尔、葛兰西都曾用过这个概念，但各人的理解不尽相同。在不同的语境里，这个词也可以译为"文明社会""市民社会"。简而言之，公民社会既不是家庭，也不是国家，更不是市场，而是介于家庭、国家、市场之间的一个空间。它不完全是私人的，因此被冠以"公民"；它不属于国家与市场，因此被叫作"社会"；于是这个空间便就被人叫作"公民社会"。简言之，公民社会可以是国家、家庭以及市场组织以外的任何组织，其中很小很小一部分是近年来人们熟知的所谓"非政府组织"（如环保团体、人权团体等具有倡导性功能的组织）；稍大的一部分是"非营利组织"

（如非营利的学校、医院、养老院等社会服务组织，医师协会、律师协会、工程师协会之类的专业团体）；还有更大一块是"草根组织"（如读书会、足球俱乐部、气功协会、观鸟协会、集邮协会、钓鱼协会等休闲群体）。这些正式或非正式的组织在家庭、国家、市场以外占据的空间就是"公民社会"。从这个定义我们可以了解到，被一些人近年来吹得神乎其神的"公民社会"实际上是个无所不包的大杂烩。

从20世纪70年代末开始，南欧、东欧、西欧、北美一些人提出公民社会是民主前提条件的理论，他们把公民社会说成是实现民主政治的必要条件，甚至充分条件。90年代初，这种理论传入中国研究界和中国学界。那时，不少人成天拿着放大镜到处找，哪里有成熟的公民社会，哪里有公民社会的萌芽，哪里根本找不到公民社会的痕迹。这种对公民社会的探究最后往往变成"半桶水满"还是"半桶水不满"的争论。例如，在东欧、前苏联地区的一些地方，由于当时刚经历了所谓"民主转型"，有人断言那里的公民社会相当蓬勃，有人断言那里的公民社会十分虚弱，争论的焦点是能否用公民社会的强度来解释民主的出现与巩固。

那么，公民社会与民主到底有什么样的关系呢？据我所见，强调公民社会和民主关系的人一般偏重公民社会或者社团的外部效应，即这些社会团体可以为自己的成员提供表达的渠道，可以用自己动员起来的力量来对政府施加压力，迫使政府回应自己的要求，从而制衡政府，使之不能滥用权力。在这些学者看来，当这样的团体不是一个两个，而是成千上万个，甚至是几百万个，它们不仅能有效地制衡政府，而且能互相牵制，避免任何团体独大，形成多元的政治格局，或民主政治的格局。

对强调外部效应的公民社会理论我一直持批评态度。早在1991年我就写过一篇题为"关于'市民社会'的几点思考"的文章。我对这种理论的不满集中在两方面。第一，它把公民社会当成一个整体，好像完全不存在阶级差别，好像各种社团是在完全平等的基础上竞争；

这当然完全是虚妄的假设，我在下一讲会用实证加以驳斥。第二，它把公民社会看作一块净土，与污泥浊水的国家相对立，似乎好事都是公民社会干的，坏事都是国家干的；这当然也是虚妄的假设。从这两个假设可以清楚地看出这种公民社会理论的意识形态基因，即自由主义。为此，我在1991年那篇文章中指出，"任何明眼人都知道，现实中的公民社会绝不是一个同质的实体，它也绝不是一个牧歌乐园"。恰恰相反，"公民社会中有贫民窟与花园别墅，有血与泪，有剑与火。把它描绘成宁静、和平的去处，不是出于无知便是出于欺骗"。

当然批评时髦的公民社会理论并不意味着否认公民社会组织有促进民主的作用。与强调外部效应的流行理论不同，我认为，社团组织产生的内部效应也许对实现民主更重要。外部效应与内部效应的发生条件颇为不同。除非社团具有某种政治性、正式性，且脱离政府的控制而相对独立，否则外部效应不大可能发生。这也是为什么，偏重外部效应的流行理论严格要求公民社会组织必须独立于政府。独立性很强的才够格被称为"公民社会组织"，否则，就被划入"另册"。但内部效应就不要求社团具有明显的政治意图，且不要求它们是正式组织，并独立于政府。其实自由主义的老祖宗之一托克维尔，就称赞各种各样的社团都是有价值的组织，不管它们是"宗教的或道德的、重要的或不重要的、目标宏大或狭隘的、很大的或很小的"。在他看来，文学沙龙、酒馆、书局、闲暇爱好协会与工商协会、政治团体一样重要，甚至更重要。托克维尔说："一个民主国家的居民，如果没有为政治目标而结社的权利和要求，其自主性就会有危险，但他们可以在长时间内保有他们的财富和知识。但如果他们在日常生活中没有养成集体行动的习惯，文明本身就处于危险之中。"研究政治文化的学者沃巴及其合作者对此也有同感："政治参与的动机和能力都植根于基本的非政治机构中。"《使民主运转起来》一书的作者帕特南的说法更生动："参加合唱团和观鸟俱乐部、研究俱乐部，能够使自己学会自律和享受合作成功的快乐。"此外，各国还有更多的实证研究发现，参加非政治组织能够激发政治参与和政治兴趣。

同理，一个社团要产生内部效应，它不一定非得是正式的、自愿的或脱离政府而完全自治的社团。例如，一项对德国非正式团体的研究发现，"这种组织的非正式性质，并没有妨碍它为（相识的）成员相互帮助和资源共享提供便利"。同样，英国的一项对非自愿组织的研究，对当前强调自愿组织的做法提出了质疑。该研究发现，在14—17世纪，活跃在英格兰小社区内的正式机构产生了可观的内部和外部的效应，不管参加这些机构是强制性的还是自愿的；因此，在研究社团时，没有必要过于强调组织的自愿性。

总之，强调公民社会外部效应的理论分析框架局限性太强，其结果是很多有趣而又重要的结社活动被当成不值得研究的问题而被忽略掉。相反，强调公民社会内部效应的理论具有很强的包容性，它可将所有类型的社团都置于我们的研究范围之内。

所谓公民社会的内部效应，主要包括以下几个方面：一是培育合作习惯和公共精神。在社团里面，尤其是非政治性、非经济性的社团，人们如果聚集在一起的话，他们更容易学会合作的习惯。原因很简单，这里不涉及任何利益。相反在政治性、经济性的社团里面很可能涉及利益纷争，所以大家很难合作。二是培育互信、互惠、温和、妥协、谅解、宽容的品性。在团体活动中，人们更容易超越狭隘的自我，逐步认识到合作互助的必要性和优越性，从而学会互相信任，不走极端，妥协包容的习惯。三是培育与人交往、共事的交流技能。除了前面的这些东西以外，人们在社团中还能学会怎么开会、怎么在公众面前说话、怎么写信、怎么组织项目、怎么去辩论等这样一些技能。反过来，这些习惯和技巧又强化了人们参与政治的积极性和能力，并加强了政治效能感和竞争意识（见 Verba et al.1995）。需要指出的是，这三方面的习惯和技巧都是民主社会必不可少的，因此，正是在这种非政治性的、非经济性的社团组织中，内部效应使得这些组织变成了培育成员的民主伦理的"学校"，让人们学会用民主的方法来互相对待，以民主的方式来共同生活，等等。可以说，如果认为公民社会对民主能够起到促进作用的话，我认为更多的应该强调其内部效应。

有关各国民众参与各类社团的数据十分难得，即使有数据也不太可靠。图表2-20基于"世界价值调查"的数据，它描述各国家参与

图表2-20　20世纪90年代不同国家公民参与非政府组织的积极性

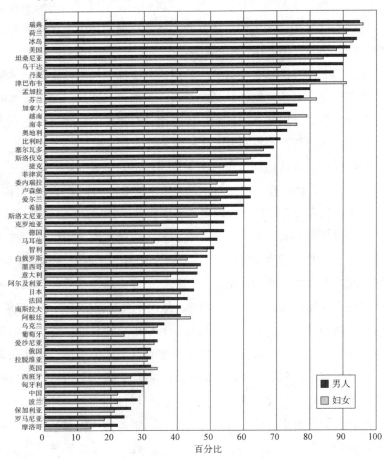

至少一个社团的民众占男女人口的比重。由于各国调查分头进行，尽管问卷相似，但在不同语境，人们对"参与社团"含意的理解可能相去甚远。因此，对这张图提供的信息不可不信，也不能尽信。我们看到，各国民众在参与社团活动方面差异巨大。有些国家超过 90% 的公众参与至少一个社团，而另一些国家只有不到 20% 的公众参与至少一个社团的活动。一般认为，在发达的西方资本主义国家里，公众参与社团活动的积极性较高，但这张图显示未必如此。瑞典、荷兰、冰岛、美国民众的参与度很高，但英国、西班牙民众的参与度却很低，与俄罗斯不相上下。发展中国家的公众也可能积极参与社团活动，如图中的坦桑尼亚、乌干达、津巴布韦、孟加拉。这样看来，这张图的分布情况也间接地挑战了关于公民社会与民主之间关系的流行观点，即公民社会越发达的地方，民主出现的可能性就越大。实际上未必如此，不少"民主"国家里的公众参与社团活动似乎还不如不那么"民主"国家里的公众。

如果活跃的公民社会的确是民主制度的条件之一，那么西方有些国家的民主根基恐怕就有些不牢靠了。先看美国，当托克维尔在 19 世纪 30 年代访问美国时对其密集的社团活动印象很深。但从 20 世纪中期开始，情况出现变化。图表 2-21 描述了美国的"家长—教师协会"成员的变化情况。家长—教师协会大概是美国最普遍的社会组织，几乎每个学校里面都有家长—教师协会，其目的是便于学生家长与校方沟通。从图表 2-21 可以看到，参与家长—教师协会活动的家长比例一直在下降，从 1960 年的 33% 降到 1992 年的 15% 左右，不足以前的一半。

假如连家长—教师协会都懒得参加，参与其他社团（如狮子会）活动的可能性就更小了。图表 2-22 描述的是美国人参与 32 个在全国各地都建有分支的社团活动的情况，可以看到，1960 年以后，美国公众参与社团的比例逐渐开始大幅下降，到 20 世纪末，已回落到第一次

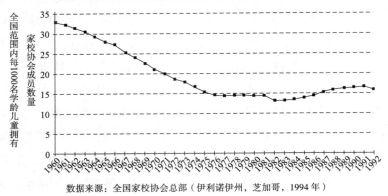

图表 2-21　美国家校协会成员的数量下降（1960—1992）

数据来源：全国家校协会总部（伊利诺伊州，芝加哥，1994年）

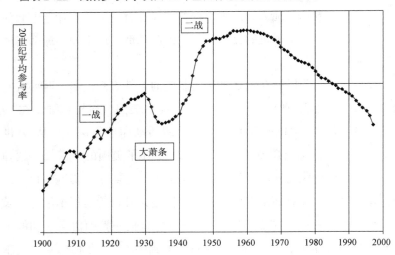

图表 2-22　民众参与率：美国32个全国各地建有分支的社团（1900—2000）

世界大战时的水平。当然，现在还有很多美国人是这个或那个社团的成员，但这可能掩盖了另一个发展趋势：越来越多的美国人只是在社团挂名而已，不参加其日常活动，只是定期交纳会费或向社团提供捐助。社团逐渐成为专业人士管理的机构。帕特南在哈佛大学的同事、著名社会学家斯卡奇博（Theda Skocpol）在1999年的一篇文章里，把这种现象叫作"没有会员的社团"（association without members）。几年后，她针对这个现象写了一本忧心忡忡的书《缩水的民主：美国公众生活从参与到管理的演变》（*Diminished Democracy: From Membership to Management in American Civic Life*）。当会员广泛参与社团活动时，社团可以产生促进民主文化的内部效应；当大量社团徒有虚名，没有会员参与时，的确有理由怀疑，民主的基石是否已经松动。

这里还需要强调一下公民社会这个概念，因为这是一个非常混淆的概念。实际上，在家庭、市场和国家之间，除了"好"组织外，还存在一些其他组织形式，比如意大利的"黑手党"基本上也是在这三者之间的，中国香港的"三合会"、日本的"奥姆真理教"、美国的"三K党"、中国的"法轮功"，以及本·拉登的"基地组织"都是非政府组织，这样的例子还可以举出成千上万。但是，这类组织会不会有利于促进民主呢？我想，即使那些鼓吹公民社会理论的人也不这么看。因此，我认为，把公民社会对民主的作用无限夸大，是过去十几年人们缺乏想象力的一种表现。举例来说，从民主实现的角度来看，在20世纪的80年代末、90年代初，俄罗斯、罗马尼亚、阿尔巴尼亚进行民主转型之前并没有什么公民社会，但这些国家仍然转向了民主体制。相反，在香港、澳门、新加坡这些地区或国家公民组织非常发达，但实行的并不是西方意义上的民主体制。因此，公民社会与民主两者之间到底是什么关系？这可能不是个可以做出简单回答的问题。另外，这两者之间到底是谁在影响谁，还是相互影响，到底哪一个关系更加重要，这些理论实际上都还没有说清楚。

## 五　社会资本与民主

社会资本现在也是一个很热门的概念。什么是"社会资本"？美国华裔社会学者林南把它定义为"行为人在行动中能够获得和使用的、嵌于社会网络中的资源";皮埃尔·布迪厄(Pierre Bourdieu)则认为,社会资本植根于"一个或多或少制度化的、人们能够相互了解和认可的持续的网络之中——换句话说,就是团体的成员关系之中"。按照这些定义,上面已经讨论过的公民社会组织或社团显然也是社会资本的基石之一。

但社会资本所要求的社会网络不一定非要采取正式的组织形式,如果一个社会里的人们愿意信任其他人,包括陌生人,这个社会里的人实际上也构成了一个无形的、巨大的社会网络;人们可以利用由这种互信产生的资源。因此,社会信任也是社会资本的一部分。所谓"社会信任"不是指家里人之间的互相信任,也不是指朋友或熟人之间的互相信任,这种信任是人之常情,很容易得到。"社会信任"是指对不认识的人、从未打过交道的人、今后也不一定会打交道的人的信任。在"世界价值调查"里包括这样一个问题:"您是否信任社会上大多数人?"这个问题测量的就是"社会信任"。如果说一个社会中很多人表示"社会上大多数人值得信任",这个社会的信任程度比较高,其社会资本也因而比较高;反之,如果一个社会里很少人同意"社会上大多数人值得信任"的说法,其社会资本就非常低。

不少学者把社会信任的程度看成是一种文化现象。如阿尔芒德和沃巴在《公民文化》一书中发现两个老牌民主国家(美国和英国)与三个当时的新兴民主国家(西德、意大利和墨西哥)相比,民众对社会上大多数人更信任,这种信任度的差异反映了不同国家里的人对社会事物的不同心理倾向。其后,伊格哈特利用更大规模的跨国时间序列数据(世界价值调查)证明,的确,有些社会具有高信任度的政治文化,而其他社会的政治文化却是以低信任度为特征的。帕特南在《使民主运转起来》一书中则进一步证明,即使在一个国家内部(如意大利的南部和北部),信任文化也可能很不一样。福山(Francis

Fukuyama)更干脆,他把世界上的国家划为两大类,一类叫作低信任度社会,另一类叫作高信任度社会。

凡是将信任解释成文化现象的人都或多或少相信,信任是社会文化密码的一部分,而文化密码像基因一样是以某种神秘的方式世代相传。如福山就认为信任来自"遗传的伦理习惯",是本社会共享的道德规范的产物。不过,福山关于高信任度社会/低信任度社会的整套理论其实只是建立在他个人的印象之上,没有任何实证基础,只是想当然而已。倒是伊格哈特主持的"世界价值调查"为我们提供了一个进行跨国比较的数据平台。图表2-23标注了世界不同国家的社会信任情况。从这张图中,我们可以作两个观察。第一,不同国家之间社会信任度差距甚大。社会信任度可以高至65%以上,也可以低至10%以下,最高与最低之间的差距是55%。第二,我们似乎难以发现带规律性的分布。伊格哈特曾依据早年的数据断言,受新教和儒家学说影响的国家比受天主教、东正教、伊斯兰教影响的国家更容易产生信任,但2000年对伊朗所作的调查颠覆了这个看法。在伊朗,65%的人认为大多数人值得信任,在世界各国中排列第三,仅略低于丹麦与瑞典。不仅伊朗如此,同属伊斯兰教的沙特阿拉伯和伊拉克也是高信任度社会。以前伊格哈特还推测,各国的社会信任度与经济发展水平相关。不过,如图表2-23所示,最新一轮的调查表明,情况并不是这么简单。在社会信任度最高的20个国家里,近一半是不发达国家。

福山曾把中国划入"低信任度国家",但包括中国在内的实证研究都毫无例外地证明,相对世界上大多数国家而言,中国是一个高信任度国家。"世界价值调查"于1990年第一次将中国包括在调查对象中,结果发现在被调查的41个国家中,中国相信大多数人值得信任的比例高达60%,仅次于瑞典、挪威、芬兰,排列第四,不仅高于大多数第三世界国家,也高于包括美国在内的大多数西方发达国家。这

图表 2-23 各国不同的社会信任度（%）

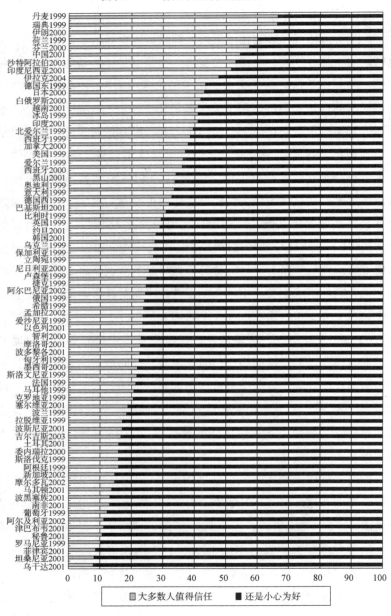

108　民主四讲

个结果使伊格哈特大惑不解，以为自己的调查方式出了问题。1993年，两位日本学者针对同一问题再次在中国进行了调查。他们的结果虽然比伊格哈特的要低一些，但仍然高于所有非民主国家和新兴民主国家。其后几轮"世界价值调查"的结果与1990年的结果大同小异；如在2001年的调查中，仍有54.5%的中国人说，他们认为大多数人值得信任。虽然伊格哈特仍无法解释中国人如此之高的信任度，但他已不再怀疑自己的数据有问题了。总体来说，虽然我们自己觉得目前社会信任程度大幅度降低了，但如果跟其他国家比较起来，中国人的社会信任程度还是很高的。

虽然宗教传统与经济发展水平看来与社会信任度关系不大，一些学者仍然相信社会信任度跟民主制度之间存在密切的关系，例如，在1999年，剑桥大学出版社出版了一本题为"民主与信任"的论文集，其中一些作者注重信任是否有利于发展和维护民主制度，而另一批学者则关注民主制度是否有利于增进人们之间的彼此信任。有人断言，只有在民主制度下，信任才是种理性的博弈。在极权体制下，过度信任他人是十分危险的，因为当政府一手遮天时，人们至多只能信任自己的家人和密友。只有当人们沐浴着民主的阳光时，他们才可能信任陌生人。

实证研究发现，民主体制下社会信任度的确较高。图表2-24是伊格哈特用来描述社会信任与民主之间的关系。可以看到，北欧一些国家，如丹麦、芬兰、挪威这些国家的社会信任程度非常之高，它们实现民主的时间比较长，民主质量也比较好。土耳其、巴基斯坦、秘鲁的社会信任度非常低，这些国家的民主也不太靠得住。这张图中没有包括中国，大概是因为中国这个例子让伊格哈特教授很头痛，顺着主流意识形态无法想象出对中国现象如何做出解释。

另外，从图表2-25可以看到，社会信任跟民主的巩固之间也是正向相关的，社会信任程度高的国家，民主巩固的可能性就高，相

图表 2-24 社会信任与民主

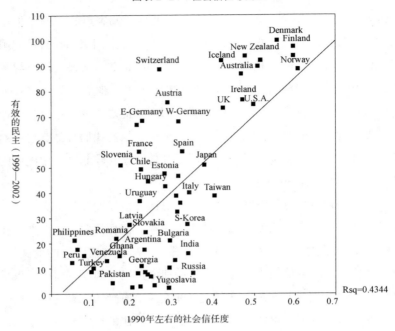

图表 2-25 社会信任与民主的巩固

反，社会信任程度低的国家，民主巩固的可能性就低。这里民主巩固的程度是以一个民主体制的生存年限为测度依据的，在图表2-25顶端的那些国家自1920年以前就开始实行民主体制了，而下方的那些国家是1990年前后才开始进行民主过渡的。这个图里有中国，它是社会信任度可媲美上端那些国家，却被打入下端的唯一例子。

如果社会信任确是发展和巩固民主的基石之一，不少现行的民主体制看来也有问题了。近年来的许多调查发现，不少国家的社会信任程度在下降。图表2-26列示了美国和一些欧洲国家社会信任程度的变化，不难看出，美国和很多欧洲国家如英国、瑞典、芬兰、西班牙等，社会信任的程度都是下降的，在德国和挪威略有上升。当然，针对英国有两个不同的调查，一个调查发现其社会信任程度没有变化，而另一个调查发现是下降的，而且是急剧下降。图表2-27反映了英国更长时段里的这种下降趋势。

美国的情况比较有意思。1993年出版《使民主运转起来》后，该书的作者帕特南于1995年在《民主学刊》(*Journal of Democracy*)上发表了一篇论文，题目是"独自打保龄球：美国社会资本的流失"

图表2-26 社会信任程度的下降

| 国　　家 | 1981（%） | 1990（%） | 1995—1998（%） |
|---|---|---|---|
| 德国 | 30 | 38 | 41 |
| 挪威 | 61 | 65 | 65 |
| 英国（BSA） | 45 | 45 | 45 |
| 西班牙 | 34 | 33 | 30 |
| 瑞典 | 58 | 65 | 50 |
| 美国 | 47 | 50 | 36 |
| 英国（WVS） | 45 | 45 | 30 |
| 芬兰 | 58 | 62 | 48 |

图表 2-27 英国的社会信任（1959—1997）

对"你是否认为周围大多数人是可信任的？"持肯定回答的比例

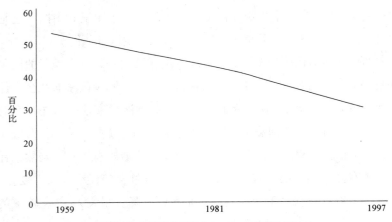

数据来源：世界价值观调查（1981、1990 和 1997）

图表 2-28 美国社会信任的下降（1960—2000）

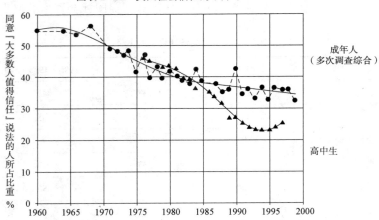

数据来源：1960—1988 年数据来自于 Erik Uslaner, The Decline of Comity in Congress（1993）；1989—1993 年数据来自于 General Social Survey

("Bowling Alone: America's Declining Social Capital");这篇文章引发了美国学界的广泛讨论。五年后,他又于2000年把该论文的观点扩展为一本544页的大书《独自打保龄球:美国社区的崩溃与恢复》。为什么研究美国的社会资本的文章和书要用打保龄球为题呢?原来帕特南观察到一个有趣的现象,即美国人在三四十年前,大家都是成群结伙地去打保龄球,一边打球,一边与同事、邻居、朋友天南海北地侃大山,其乐融融。而现在,在美国社区里的保龄球馆,常常看到一些孤独的个人独占一条球道,周围的人谁都不认识,郁闷地喝着啤酒,偶尔抛出几个球,无人喝彩。帕特南敏锐地看到了保龄球文化演变中的象征意义:以前大家一块儿打球说明社会网络比较繁密;今天人们独自打球说明社会网络已经崩坏。于是,他用这个现象来描述美国社会资本发生的一些变化。除了打保龄球外,帕特南教授还找到了很多指标来证明,美国人互相交往的频率确实是越来越低,如在过去四分之一个世纪,参与俱乐部活动的美国人下降了58%,连请朋友做客的人也下降了35%。

与他人交往少了,也影响到人们的互信。图表2-28显示了美国人的社会信任程度,可以看到,美国人互相信任的程度也在不断下降,从1960年的58%降到1993年的37%。

随着人们互信的降低,他们对政治体制也越来越疏离。图表2-29显示了美国民众对政府的不信任程度,结果发现,这个比例倒是不断在上升的,说明美国人对政府越来越不信任了。

在这里,我不想判断社会资本是不是民主的必要条件。但是,如果像许多学者所说的那样,社会资本是民主体制的重要基石的话,那么现在美国、英国和某些欧洲国家的民主都是大有问题的,因为这些国家的社会资本在不断下降。当然,有人可能会问,这些国家有没有可能扭转社会资本下降的颓势,提高社会资本?这是一个很重要的问题,但又没人知道答案。这可能让不少人沮丧,如果社会资本对实现

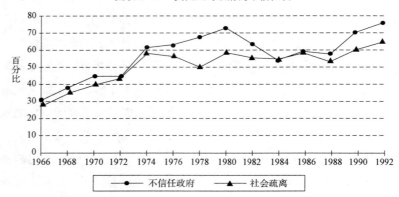

图表 2-29 美国人对政府的不信任度

民主很重要，但又没人知道如何增加社会资本，那不等于提出社会资本理论的人都白忙活了吗？

## 六　国家有效性与民主

最后，我介绍一下我自己最近的一项研究，即国家的有效性与民主的关系。前面讲到的几个方面，都是在讨论民主跟经济、社会、文化之间的关系，这部分我要讲的实际上是民主与国家能力的关系。

早在 1990 年的时候，我就写过一篇题为"建立一个强有力的民主国家"的文章。那时是自由主义在全世界范围内最盛行的巅峰期，不少人认为，国家机器是民主的天然敌人。为了促进民主（实际上是打着"民主"幌子的自由），必须削弱国家机器。我在那篇文章中区分了"政权形式"（民主还是不民主）与"国家能力"（国家是否有能力办事）两个概念，并试图从理论上论证，只有一个强有力的国家才能实现高质量的民主。

其实，稍微熟悉各国情况的人都应清楚，在 20 世纪 80 年代以来发生民主转型的国家中，很多面临着国家机器重建（state-building）

的艰巨任务。在开始过渡之初，曾经属于前苏联和前南斯拉夫的那些国家必须首先克服创建国家机器方面的困难。对于非洲撒哈拉以南的广大地区来说，虽然那里的国家都有现成的政府，但却往往是松散的、无用的和不稳定的。拉丁美洲国家的状况也好不了多少，如一位专家所言，那里的"政府机构依旧深深地刻着长期履职不力的糟糕印迹"。在第三世界的其他各国，摆脱集权统治后的政府普遍极端脆弱，无力解决社会所面临的从控制犯罪和腐败到提供基础公共设施（如健康、教育和社会保障）等一系列主要问题。有意思的是，在第三次浪潮波及的国家中，正是在那些政府重建并非一项迫切任务的国家，其民主进程取得了很大的进展。它们主要是南欧和中欧以及波罗的海地区的一些国家，尤其是小国，当然还有南美和东亚的几个国家，如西班牙、葡萄牙、希腊、波兰、匈牙利、捷克共和国、爱沙尼亚、斯洛文尼亚、乌拉圭、智利和韩国等。而还在为政府重建而挣扎的那些国家基本上都未能建立稳固的民主。

从理论上来讲这种现象也很容易理解。民主不仅是一种政治体制，也是一种政府管理的形式。沃尔特·白哲特（Walter Bagehot, 1826—1877）在 1867 年出版的《英国宪制》一书中就已明确指出，每一种政治体制必须先获得权力，然后才能运用权力。亨廷顿 100 年后对这个看法作了进一步发挥："必须先获得权力，然后才谈得上对它进行限制。"如果一个政府不能履行基本的政府职能，那么不论它采取何种政治体制，这个国家的人民都不可能从中受益。正是在这个意义上，雪瓦斯基说，"与政府有关的问题在逻辑上要优先于政治体制方面的问题"，否则就是本末倒置；林兹（Juan Linz）也说，没有一个有效的政府，任何民主都是毫无意义的。

俄罗斯的转型是一个很好的例子。1997 年，美国普林斯顿大学政治系教授兼纽约大学法学院教授斯蒂芬·赫尔姆斯（Stephen Holmes）在《美国前景》双月刊上发表了一篇文章，题为"俄国给我们的教训是什么：弱政府如何威胁自由"。在这篇文章中，他指出，在冷战期间，西方自由主义的共识是，苏联政府太强大，构成了对公民自由和权利的最大威胁。那时人们普遍认为，只有削弱苏联的国家机器，公民的自由和权利才会有保障。然而，到20世纪90年代中期，苏联帝国崩溃了，政治灌输停止了，新闻检查不见了，持不同政见者不再担心被送进监狱，没有人会因违反党的路线惹上麻烦。那么政府不管事或管不了事之后，俄罗斯是不是因此变成了自由的乐园了呢？在赫尔姆斯看来，答案是否定的。经过几年的观察和研究，他在俄罗斯看到的是道德沦丧，物欲横流，政府腐败，黑帮猖獗，监狱里人满为患，铁路上盗贼蜂起，士兵在街上乞讨，野狗在邻里乱窜，生产能力萎缩，人均寿命锐减。在这种情况下，对大多数俄罗斯人而言，不要说政治权利和财产权失去了意义，连生命安全也没有基本保障。基于此，赫尔姆斯得出结论：没有公共权威，就没有公民权利（Statelessness spells rightlessness）。公民权利的前提是存在有效的公共权威。一个丧失治理能力的政府是对公民权利的最大威胁。在这个意义上，政府可以是最大和最可靠的人权组织。增进公民权利的最佳战略不是削弱政府，而是改造政府。削弱政府往往不仅不能增进公民权利，反而可能危及他们已经享有的权利。1999年，赫尔姆斯又与芝加哥大学政治学兼法学教授凯斯·桑斯坦（Cass Sunstein）合著了一本题为"权利的代价：为什么自由依赖于税收"（*The Cost of Rights: Why Liberty Depends on Taxation*）的书，进一步论证"为了保卫我们的自由，我们必须捍卫正当的公共权威。没有它，自由就没有保障"。

十几年前，我讲要区分国家能力与政权形式，国家能力是实现政权形式转变的必要条件，当时引来许多人群起而攻之，在他们看来，一个政府如果是比较弱的，一推就倒，那么不是更容易实现民主吗？但是，他们忽略了逻辑的另一端：也许你能推翻一种制度，但是你能

图表 2-30 民主与国家有效性的关系

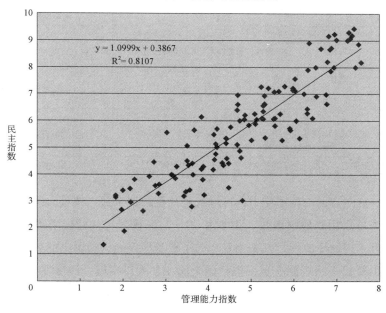

建立一个民主制度吗？能建立一个高效的民主制度吗？现在，随着时间的推移，已经有越来越多的学者认识到，一个有效的政府是民主的前提条件。图表 2-30 表明，国家的有效性和民主之间确实存在某种正相关关系。这张图表依据德国"贝塔斯曼基金会"2006 年的数据绘成，其中"民主指数"用来衡量民主的质量，"管理能力指数"用来衡量国家能力。我们看到，管理能力高的国家，民主质量也高；管理能力低的国家，民主质量也低。两个变量之间存在着非常强的正相关关系，相关系数高达 0.81。

当然，这么简单的一张图表，其说服力并不强，特别是这张图表里把国家的有效性变成一个单向度的东西，实际上国家能力有多个向度，在一个方面国家能力弱并不意味着在其他方面国家能力也弱。我在研究中把国家有效性划分为六个大类（见图表 2-31），即：

图表 2-31　国家能力的定义与衡量指标

| 六大能力 | 定义 | 衡量指标 |
|---|---|---|
| 强制能力 | 对外保卫政权和领土完整，对内维护社会秩序 | 每十万人暴力致死率 |
| 汲取能力 | 建立现代公共财政，保证国家各项机制的正常运作 | 财政收入占 GDP 比重 |
| 濡化能力 | 树立以国家认同与公民平等为特征的核心价值体系 | 贝塔斯曼国家认同指数 |
| 规管能力 | 对市场和社会中的信息不对称和权力不对称加以规范和限制 | 每十万人交通事故死亡率 |
| 统领能力 | 对国家工作人员和国家机关（包括各级政府）加以规范和限制，使国家工作人员尽职、廉洁，使整个国家机器统一协调 | 世界银行腐败控制指数 |
| 再分配能力 | 用再分配降低各类社会风险，维护社会稳定 | UNDP 人类发展指数 |

这六方面的国家能力都可以找到一些数据来加以衡量，例如汲取能力可以用政府财政收入占 GDP 的比重来衡量，规管能力可以用每十万人交通事故死亡率来衡量。为了检验国家能力与民主的关系，当然也要找一些控制变量，包括国土面积、人口规模、经济发展水平，以及国家的同一性（即在多大程度上人口存在民族、语言、文化方面的差异），等等。2007 年，我完成了一篇文章，题为"国家有效性与民主"，它用 119 个国家的数据来检验国家能力与民主之间到底存在什么样的关系。这里只用几句话介绍一下主要的发现。多元回归分析显示，濡化能力、规管能力、统领能力等几项国家能力对民主的质量有至关重要的影响；在控制其他国家能力后，汲取能力与再分配能力对民主质量的影响主要表现在大众参与方面，即在这两方面能力强的国家，民众参与政治决策的程度更高。这项研究也有一个有意思的发现，暂时还不能很好地解释，即民主质量越高的国家，被谋杀的人越多（这是用来衡量强制能力的指标）。我用国际刑警组织、联合国以及世界卫生组织三个不同机构制作的谋杀率数据，结果都一样。对此，我还不知道如何解释。当然，这一现象不仅仅是我一个人的研究得出的，还有其他很多研究都发现了类似的结果。第二次世界大战以后，欧洲的民主国家谋杀率都处于上升状态，这是需要进一步解释的

有趣现象。这是否意味着强制能力弱的国家更有利于实现民主呢？恐怕也未必。例如，美国的谋杀率很高，但说它的强制能力弱，似乎说不过去。也许，谋杀率并不是一个衡量国家强制能力的好指标。无论如何，我的研究证实，国家的有效性对民主的质量的确有正面的影响，但不同向度的国家能力对民主体制的不同方面影响并不一致。

这一讲主要讨论了民主转型、民主巩固和高质量民主产生的条件到底是什么？我分别从六个方面介绍了许多学者很多年的研究成果。但实际上，到目前为止，关于这些问题的讨论仍然没有结束，各派还是莫衷一是，我相信也没有人敢说自己对所有问题都已经有了明确的结论。这六个方面的每一方面都有很多的理论，但到底哪些理论是正确的，哪些理论是错误的，我们还不能确定。有人深信某种因素与民主之间存在必然关系，这类看法是幼稚的，代表的是早期研究的结果，尤其是最早出现的现代化理论。如果认为经济增长到一定阶段以后必定会引起社会结构的变化，社会结构的变化必定会引起文化的变化，文化的变化必定会引起政治制度的变化，这便是一种非常简单的决定论式的判断。经过几十年的摸索以后，更多的人认识到这些因素彼此之间也许存在某种关联，但是仍不清楚它们互相之间是如何联系的。现在，越来越多的人认识到，经济、社会、文化、政治因素之间不存在一种一一对应的线性关系，而可能是更加复杂的关系，有很多其他变量在里面起作用。这里我想传达的就是一个简单道理：大家应该把头脑变得更复杂一点，不要简单接受别人认为是规律性的东西。因为政治变化本身就是非常复杂的，而社会的变化又进一步增加了这种复杂性。如果有人自以为知道实现民主或者使民主巩固的诀窍，能够把一个非民主国家变成民主国家，那只不过是一个宏大但又不切实际的空想。总之，我希望更多的人放弃虚无缥缈的"理论"，把更多的精力放到实证研究上来。不要跟着时髦"理论"或直觉走，要跟着事实走。

# 第三讲　现代民主的机制与运作

前两讲讨论了民主的起源和演化,民主出现、巩固以及出现高质量民主的条件。第三讲讨论民主的机制是怎么样运作的。要注意的是,我不是用规范性的理论讲民主制度应该怎么运作,而是讲民主制度实际上是怎么运作的。

说到民主制度,与前两讲一样,我们必须把两样东西区分开来,一种是理想的民主,一种是实际运作中的民主。这里再回顾一下这两者之间的关系。民主概念的核心是人民主权。在理想的民主状态下,人民直接或间接参与政府管理,所有的政府行为都应该能够非常完美地反映人民的愿望。但在历史上,这种理想的政府可能从来没有存在过,现在没有,将来恐怕也很难出现。不过,尽管理想的民主在现实中不存在,但是这种看似抽象的理想是所有的民主制度都应该追求的一种目标,尽管也许永远都不会完全达到,但应力争不断地去贴近它。这也就是说,从方法上来讲,这种理想的民主可以给我们提供一种尺度来衡量现实中各种各样的民主制度:哪些制度更贴近于理想民主的标准,哪些制度离理想更远一些?

因此,考察现实民主的时候,我们就要问,它们如何把民主这种抽象的理念变成一种可以运作的制度?如何构建一个代表人民的政府?有时候我们假设人民是一个整体,但凡是了解马克思主义观点的人都知道社会上有不同的阶级,不同的阶级有不同的利益。那么当人民或选民是分裂的时候,如何构建一个能充分代表不同阶级的不同利益的政府?

更具体地说,在考察现实民主的时候,我们要特别关注三方面的机制。第一是选举制度,选举制度的作用是把人民投的票变成议会里面的席位或政府中的职位。对此,我们要问,什么样的制度能让选出来的人最好地反映人民的意志?是不是所有的选举体制都可以产生同样好的效果,都能同样地接近理想的民主?选举是民主政府体制的必要条件,还是充分条件,抑或两者都不是?第二是政党制度,在现实民主中,政党制度的作用是运作选举和组织政府。对此,我们要问,各国的政党制度有什么不一样?各国的政党制度为什么不一样?它们实际上是如何运作的?哪一种政党制度能比较充分地反映多种多样的民意、比较有效地整合相互矛盾的民意?第三是行政与立法关系的制度安排。选举和政党竞争的目的是组织政府;现代国家的政府基本上都会区分立法与行政两种基本功能;按两种功能的连接方式,政治制度可以划分为总统制和议会制。对此,我们要问,总统制和议会制之间有什么共同点、什么差别?总统制和议会制哪一个更能够贴近民主的理想,即能较好地把人民的意志转化为政府政策?

## 一 选举制度

毫无疑问,在现实存在的民主体制下,选举是重要的,其重要性体现在两方面。一方面是工具性意义。选举会决定谁能够变成政治精英,会影响政党制度的形态、立法机构的构成、行政机构的组建。同时,选举制度还会影响个人的投票行为,以及政党的竞选策略。另一方面,选举还有象征性意义。有选举以后,就会给人们造成一种感觉:我投了票,我参与了政治过程,我影响了政府的形成。这种感觉也许完全是错觉,但其政治意义依然不容低估,因为人们往往愿意接受自己选出来的政府(哪怕自己并没有参与投票,只是有权参与投票而已），选举从而加强了对政府和政治制度的认受性。

前面已经讲到，选举原本与民主风马牛不相及，但现在选举被普遍认为是制度民主不民主的分水岭。不少人自觉不自觉地把经熊彼特改造过的民主概念当作民主的真身来崇拜，把民主简化为选举或"选主"；他们放弃对民主的思考，只是简单地看到有竞争性选举的地方就贴上"民主"的标签，看到没有竞争性选举的地方就贴上"专制"的标签；他们对探索实现民主的其他方式既缺乏想象力，也缺乏兴趣。对于这些思想的懒汉，有选举就是一切，而各种选举制度之间的差别是无关紧要的。他们当然更不会花时间去研究，哪一种选举制度比较适合特定的经济、社会、政治环境。

对于真正关心理想民主的人来说，尽管选举未必是实现民主的最佳方式，我们还是有必要探究在什么条件下，选举制度能较好地接近理想的民主。我认为只有符合以下三个最基本的条件，一个选举制度才可以被看作是一个民主的选举制度；否则不管它有多大竞争性，候选人如何相互厮杀，它都不能算作民主。第一，所有的成年人都有权参与选举和被选举，不管是男人还是女人，是黑人还是白人，是有产者还是无产者，是遍读圣贤书的知识分子还是大字不识几个的平民百姓。第二，选举的结果要尽量少地扭曲民意。即使没有暴力、胁迫、操控、金钱的影响，选举制度的设计也可能导致只代表少数选民的意愿或一半选民的意愿。民主的选举制度应使选举的结果尽可能多地代表选民意愿。第三，选举要用公正的方法来进行，不受到暴力、胁迫、操控或金钱等外在因素的影响。人们对暴力、胁迫、操控大都很反感，但对金钱的影响往往觉得无能为力。选举本来是为了产生人民的代言人，暴力、胁迫、操控、金钱都会产生偏离人民意愿的结果，背离选举的原意。以上三个条件都是最基本的条件，它们可用来判断选举制度是不是民主的选举制度，并不是所有的选举制度都一定是民主的。

选举制度一般都有三个重要的部分。第一部分是选举权，它涉及上面说的第一个标准：是不是所有的成年人都享受选举和被选举的权利。历史和现实中存在大量限制某些人的选举权的实例。第二部分是选区的划分。很少有人注意选区大小和形状与选举结果有什么关系。实际上，选区的划分大有学问，它是政客玩儿的选举把戏之一。第三部分是代表性的规则，即选举制度如何能具有更高的代表性。代表性规则有问题，就会出现没有代表性的选举结果。虽然选举很热闹，但是不能代表广大人民的意愿。第二、三部分都与上面所说的第二个标准有关。至于金钱等外力对选举结果的影响将在下一讲中讨论。

**选举权**

美国1776年的《独立宣言》里有一句话经常被人引用："我们认为下面这些真理是不言而喻的：人人生而平等，造物者赋予他们若干不可剥夺的权利，其中包括生命权、自由权和追求幸福的权利。"如果读英文原文，我们发现，这里的"人人"原来是"all men"，是指"所有的男人"，没有包括妇女。其实，这里的"all men"也不包括印第安人、黑人。事实上，《独立宣言》的起草者托马斯·杰斐逊曾领导了对印第安人的围剿和屠杀，他本人家里还养了900个据他说"无论在头脑的天赋或体格方面都不如白人"的黑奴。在这种背景下，当然是不可能出现普选权的。

在第一讲里，我们已经看到，无论是在英国、法国，还是在美国，普选权的实现都经历了一个漫长的历史过程。根据联合国《公民权利和政治权利国际公约》，"普选权"是指"在真正的定期的选举中选举和被选举"的权利，这种权利受法律的平等保护，不受基于种族、肤色、性别、语言、宗教、政治或其他见解及社会出身、财产、出生地或其他身份等任何理由的歧视。1976年生效的《公约》之所以这样规定，是因为历史上有三大类歧视性的做法。第一类是对特定人群明目张胆的歧视，如明文规定妇女、少数民族、无产者不享受选举权利。第二类歧视是为享受选举权设置门槛（如缴税要求和文化水平要求），以达到排斥某些人群的目的。与第一类歧视不同，第二类歧视看似没有排斥任何特定人群，但实际效果与第一种歧视大同小异。如对选举设置缴税要求的效果与规定不允许穷人投票的效果是一样的；对选举设置文化测验要求的效果也一样。美国在1870年通过允许黑人投票权的宪法第15条修正案后，南方州便设置了这两重障碍，结果，大量黑人无力跨越这两道障碍，因而实际上被剥夺了选举权。直到20世纪50年代的时候，在南部美国还有三分之二以上的黑人因为这些规定不能享有选举权。图表3-1是一张非常有意思的图。灰线

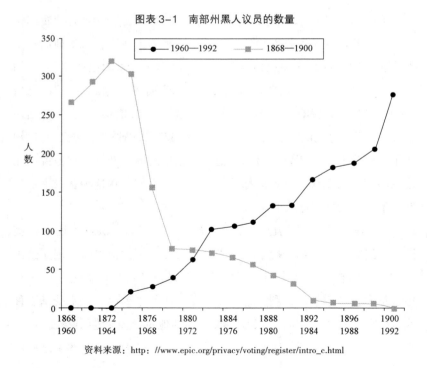

图表 3-1 南部州黑人议员的数量

资料来源：http://www.epic.org/privacy/voting/register/intro_c.html

是1868到1900年期间南部州立法机构成员的黑人数量。我们看到内战以后，有不少黑人在很短的时间里面突然变成了立法机构的成员，但是随着后来选举税、文化测验各种各样花招的出台，到1900年前后，几乎没有一个黑人在州的立法机构里，他们已经被完全排挤出去了。原因很简单，黑人不能投票，当然不能选出他们的代表人物进入州议会，所以法律上规定的"权利"变成现实的权利是个很漫长的过程。这个过程一直到20世纪60年代以后才发生了变化。20世纪60年代的南部州也依然没有黑人议员，进入20世纪80年代、20世纪90年代才发生了比较大的变化，但尽管如此，仍然刚刚恢复到1870年前后的水平。

  有人也许会问，文化测验能排斥那么多人吗？我有一份1964年前后阿拉巴马州的选民测验试卷，它分为三部分，A部分要求选民读写《美国宪法》的有关章节；B和C两部分各由四道题组成。这些题有多难呢？读者不妨自己试试能否回答下面几个问题："什么机构有权弹劾美国总统？""如果一个人被控叛国罪，但嫌疑人本人否认控罪，需要几个证人检控他，才能判他有罪？""在哪一年国会获得了阻止移民进入美国的权力？""美国宪法的哪一部分涉及联邦政府从各州征集民兵进入预备役的权力？""请说出现任美国总检察长的名字"，"有一个人曾担任联邦调查局长很多年，请说出他的名字"。我在美国居住过多年，并在美国教授过多年政治学课程，对这个试卷里的很多问题，我回答不出来。很难设想有多少阿拉巴马州的居民能够通过这项文化测验。如果回答不出来，对不起，您不能投票。投票的文化测验要求要等到1965年的"民权法案"通过时才被废止，投票的缴税要求也在此前后被宣布违宪。这两项规定的歧视性效果还可以从图表3-2中看得很清楚。这张表对比了1965年和1988年美国南部一些州的选民登记情况。可以看到，1965年美国民权运动刚兴起时，黑人投票登记率多在10%—40%之间，与当时白人登记率的差距很

图表 3-2 选民登记率（%）

| 州 | 1965 年 3 月 | | | 1988 年 11 月 | | |
|---|---|---|---|---|---|---|
| | 黑人 | 白人 | 二者差异 | 黑人 | 白人 | 二者差异 |
| 阿拉巴马州 | 19.3 | 69.2 | 49.9 | 68.4 | 75.0 | 6.6 |
| 佐治亚州 | 27.4 | 62.6 | 35.2 | 56.8 | 63.9 | 7.1 |
| 路易斯安那州 | 31.6 | 80.5 | 48.9 | 77.1 | 75.1 | -2.0 |
| 密西西比州 | 6.7 | 69.9 | 63.2 | 74.2 | 80.5 | 6.3 |
| 北卡罗来纳州 | 46.8 | 96.8 | 50.0 | 58.2 | 65.6 | 7.4 |
| 南卡罗来纳州 | 37.3 | 75.7 | 38.4 | 56.7 | 61.8 | 5.1 |
| 弗吉尼亚州 | 38.3 | 61.1 | 22.8 | 63.8 | 68.5 | 4.7 |

资料来源：http://www.usdoj.gov/crt/voting/intro/intro_c.htm

大，达到 40%—60%。比如在刚刚提到的阿拉巴马州，只有 19.3% 的黑人登记投票，而白人的登记投票率为 69.2%，两者相差 50%。密西西比州情况更糟糕，只有 6.7% 的黑人登记投票，而白人的登记注册率将近 70%，两者相差 63%。直到 20 世纪 80 年代末，黑人和白人之间登记注册率的差别才逐渐缩小，但是绝大部分州白人的登记比率仍比黑人高 5% 以上。

前面讨论的两类选举权歧视都体现在实体法上，第三类歧视则更隐蔽，体现在程序法上。例如，不少国家的选举制度都有一个程序要求叫作选民登记。在不少国家，选民登记是政府的责任；在三十来个国家，参与选举更是公民必须履行的责任。但在另一些国家，选举登记是选民的责任，你必须要先登记，然后才能参加选举。在后一类国家里，有些选民登记是与选举同天进行的，有些则要求提前登记。这最后一种选民登记是美国选举制度的特点。美国的大多数州要求选民在选举日的 30 天以前登记，否则就不准投票。这种制度看似在程序上人人平等，但却在实质上歧视了穷人。下面是约翰逊总统 1965 年 3 月 15 日讲话中的一段：

每个美国人都必须享有平等的投票权。但是,残酷的事实是,在这个国家的许多地方,大量的男女公民却被阻止参与投票,仅仅因为他们是黑人。各种能够想象出来的损招都被用来剥夺他们的投票权。黑人选民去进行选民登记时,他们可能被告知,时间搞错了,今天不受理登记,或今天受理登记的时间已过,或受理登记的官员正好不在,或受理的官员迟到了。如果选民坚持要登记,他可能还是登记不了,因为他不能在登记表格中正确地拼写出自己的中间名(middle name),或他的表格中使用了缩写。如果他填的表无可挑剔,登记官可能给他一个测验,并掌握允不允许他通过的权力。他也许被要求背诵整部《美国宪法》,或解释本州法律中最复杂的部分。即使一张大学毕业文凭也不能用来证明自己可以读写。因为,实际上跨越所有这些人为障碍的唯一途径是展示一张白脸。

自从美国1965年通过《投票权法》(*Voting Rights Act*)后,情况已发生了很大的变化。但是,要求提前登记还是在实质上阻碍了穷人参与投票,因为穷人往往到处移动,寻找工作;由于文化水平有限,他们有些人填写登记表格可能有困难;选举注册的时间是上班时候,穷人往往不愿请假扣工资;更何况选举登记的地点非常少,没有车的人过去登记可能非常麻烦。1993年,克林顿总统签署《全国选民登记法》(*National Voter Registration Act of 1993*),两年后的1995年这个法律才生效。该法要求各州开放机动车登记中心、残疾人中心、学校、图书馆为选举登记场所,进一步方便了选民登记。这只是十几年前的事。不过,要求选民提前登记仍然是限制选民行使投票权的障碍之一。在政府承担登记责任或强制投票的国家,投票率一般远远高于将选民登记责任强加给选民的国家。即使美国本身也能证明这一点。作为联邦制国家,美国各州可以规定选民登记的办法。现有7个州采取投票日当天登记的办法，其中蒙塔那州2006年才采取这个办法。如图表3-3所示，无论在总统大选还是在改选国会议员的中期选举，采取"当日登记"的州投票率都比其他州高10%以上。例如在2004年的总统大选中，允许"当日登记"的6个州投票率平均比其他州高13.6%；这6个州中的4个投票率居全国之首，都在70%以上。难怪美国内部有很强的呼声，要求进一步简化选民登记的程序。在这种压

图表3-3 "当日登记"的优势

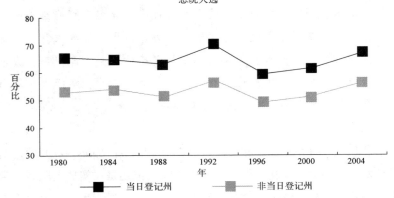

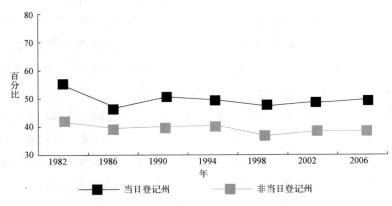

资料来源：http://www.demos.org/pubs/Voters%20Win.pdf

力下,爱荷华州和北卡罗莱纳州已通过法律将在未来的选举中采取"当日登记"的方法。

在很长的时间里,这三类选举权方面的歧视把大量的成年人口排斥在外,其中最突出的例子是占成年人口一半的妇女。妇女是什么时候才获得投票权的呢?第一次世界大战以前,也就是1914年以前,只有新西兰(1893)、澳大利亚(1902,但土著妇女除外)、芬兰(1906)和挪威(1913)4个国家的妇女享受投票权。澳大利亚和新西兰是工党最早掌权的国家,所以这两个国家比较进步,较早地允许妇女投票。在一战期间或者一战以后又有一批国家允许妇女参与投票,比如苏联、奥地利、加拿大、丹麦、德国、瑞典、英国、美国、荷兰等。二战结束后不久,比利时、法国、意大利、日本等国家赋予了妇女投票权。而在瑞士,直到1971年,妇女才获得在全国性选举中的投票权;在瑞士有的州(如Appenzell Innerrhoden),对妇女在地方选举中的投票限制一直到1990年才取消。在瑞士的邻国列支敦士登,妇女获得投票权已是1984年。

不少人注意到妇女的政治参与和战争有很大的关系。研究社会政策的人发现,战争虽然是坏东西,但它往往会成为社会进步的一种契机,起到促进社会进步的作用。比如说社会政策一般最早开始于给军人抚恤。战争也使得劳动力非常紧张,这种情况下妇女就大量"走出厨房,进入社会,参与劳动力大军",因此她们集体的参与意识得以提高,这大概解释了为什么在一战和二战前后大批国家给妇女以投票权。总之,在大部分所谓"民主"国家,几乎都是到了20世纪中叶才给予妇女投票权的。

如果我们采取严格的定义,即一个国家只有出现真正普选的情况下才能称之为民主,世界上那些民主国家的历史恐怕都不超过100年。从欧洲不同国家建立民主的时间,我们可以看到,从1807年算起,大部分欧洲国家都到一战前后或二战前后才赋予全体成年公民选举权,它们直到这时才可被称之为"民主国家"。到1972年的时候整个欧洲国家平均起来也只有 90% 的成年公民享受选举权,还不能算全面民主。至于美国,按照这个标准,也是到 1970 年前后才变成民主国家的。所以说,公民投票权的扩大、普选权的实现是非常漫长的过程,很多国家都经历了几百年的时间才完成。

## 选区划分

为了便于管理,举办选举一般都需要按人口大致平均地划分选区,世界上只有以色列与荷兰将全国作为一个选区。不仅如此,过一段时间,选区往往有必要重新划分或做出调整,因为每个选区里面能选出来的人是固定的,但是这里面的人口是变化的;当选区内人口出现大幅波动时,会导致被选出来的人和选区人口不成比例的现象,"一人一票"的原则就会被破坏,这就有必要重新划分选区。比如,在 20 世纪初划分选区后,不少国家出现高速城市化的现象,如不重新划分选区就会使乡村被"过度代表",城市则被"代表不足"。20 世纪 60 年代,美国最高法院对相关案例的判决中有一句话说得很俏皮:"国会议员是代表人的,不是代表土地与树木。"

乍一看,选区划分好像是件技术性的、无关紧要的事,但其实学问很大。政客们为了当选,总会挖空心思。就在选区划分上,他们便发明了各式各样钻空子的窍门。有两个英文词,一个叫 rotten borough,另一个叫 Gerrymandering,估计一般学英文的人都不一定认识。"borough"指议员选区;"rotten"意为"腐朽的""发臭的";"rotten borough"一般译为"腐败选区",它特指曾在英国和爱尔兰极为常见的一种局面。在 18 世纪和 19 世纪初,英国社会结构急剧变化,但那里的选区却没有变化,结果有些选区人口大量流失,剩下非常少的人口,但这些选区依然可像其他选区一样选出两名议员。由于这些选区规模很小,其中的人口很容易被某个有钱人收买或控制,这个人实际上可以决定哪两个人出任议员。在 1831 年,最荒唐的例子是一个叫作 Old Sarum 的地方，它只有三家人，七位选民。此外，选民不超过 50 人的选区还有一大堆。结果，有一个时段，英国议会 405 位选举产生的议员中，有 293 位是由选民不超过 500 人的选区选出来的，而新兴的工业城市曼彻斯特却没有自己的议员。有些有钱人可以同时控制好几个选区，好像这些选区都在他口袋里一样保险。这类选区叫作"口袋选区"（pocket boroughs）。英国的《1832 年改革法》开始处理"腐败选区"带来的问题，但真正解决问题，一直要等到 19 世纪末。

Gerrymandering（格里蝾螈）这个词与一个人的名字连在一起，他叫格里（Elbridge Gerry，1744—1814）。在 1812 年的参议院选举前，麻省民主党的政治家们为了确保本党候选人能赢得两席参议员的位子，将本州选区进行了重新划分，新选区形状酷似图表 3-4 里的蝾螈（salamander）。由于格里是当时的州长，因此，这种做法便以他的名字与蝾螈两个词组合成的新词"Gerrymander"命名。这个词后来变成了英语世界政治学的术语，其含义是用操纵选区边界划分的方法来使自己人或自己的政党得到尽可能多的席位。

如果从上图还看不出来划选区的效果，读者不妨再看看一个假设的例子——图表 3-5。在左边那张图里，灰党与黑党在四个选区里都势均力敌，各自在每个选区里有八位支持者。但在右边那张图里，形势发生变化。虽然，从总体上看，黑灰两边的选民依然是一边 32 位；虽然，在四个选区里，每个依然是 16 位选民，但随着选区边界的改变，黑党在三个选区出现 10∶6 的胜局，只把一个选区让给灰党。这种策略的使用与《史记·孙武传》中记载的"田忌赛马"如出一辙。

概括而言，"格里蝾螈"策略可以用三种方法实现。一种叫作捆绑策略（Packing），就是把对手的支持者集中在尽量少的几个选区里面，使对手浪费大量选票。第二种叫作分离策略（Spliting），就是把对手的支持者分散在尽可能多的选区里面，使对手的选票稀释，在尽可能多

图表 3-4 格里蝾螈

图表 3-5 选区划分中的"田忌赛马"

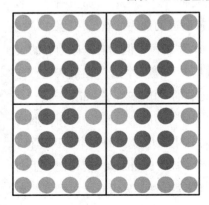
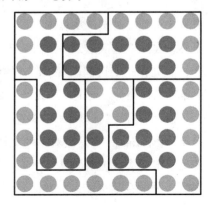

的选区得不到足够的支持。第三种叫作堆垛策略（Stacking），就是设计奇形怪状的选区，制造出有利于己方，但本来并不存在的选区。

当然，并不是在任何条件下，政客们都可以运用"格里蝾螈"策略。例如，如果全国只有一个选区（如以色列、荷兰），它就毫无用武之地。又如，在实行比例代表制的国家（如欧洲的很多国家，详见下一小节的讨论），各政党获得的席位与它们在各选区或全国获得的总票数成正比，"格里蝾螈"策略也很难奏效。再如，在选区划分的权力由非党非派的中立机构行使的国家（如英国、加拿大），政客想运用"格里蝾螈"策略也无从下手。只有在上述三个条件都不适用的国家，"格里蝾螈"策略才会有生存条件；美国就是这样的国家。

也许有人以为，"格里蝾螈"策略不过是个有趣的历史故事，现在不会出现这种情况了。实际上，现在选区划分依然是被政客们经常使用的一个把戏。为了政党的利益，为了排斥特定人群选出他们的代表，为了让在位者重新当选，为了达到其他形形色色的目的，政客们都不会放弃玩弄这种手段。

图表3-6的深色部分标出的是现在加州国会选举第23选区的位置。这是美国最狭窄的国会选区，它长200英里，跨越三个县，但最宽的地方不超过五英里，最窄的地方只有一个橄榄球场的长度。第23选区里民主党的支持者较强，一直是民主党的候选人当选。加州的共和党反对将这个选区打散并入邻近的第22和第24选区，因为这样一来可能会危及共和党在这两个选区的优势。这是捆绑策略的例子。

图表3-7是美国俄亥俄州首府哥伦布市的国会选区划分情况。这个城市人口并不多，只有73万人。但它被分解成三个选区，即第7、12、15选区，为此城区居民必须与郊区居民混在一起。为什么要如此费事呢？地理因素完全不能解释。从政治上看，城区居民倾向民主党，如果让他们单独构成一个选区，民主党胜算很大。但当城区居民与郊区那些保守的居民混杂在一起时，后者在每个选区都压倒前者。

图表 3-6 美国加州国会选举第 23 选区

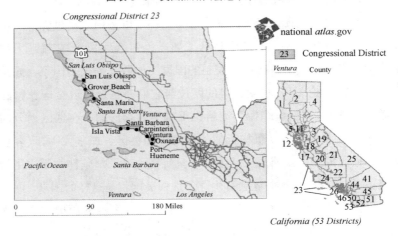

图表 3-7 美国俄亥俄州哥伦布市的选区划分

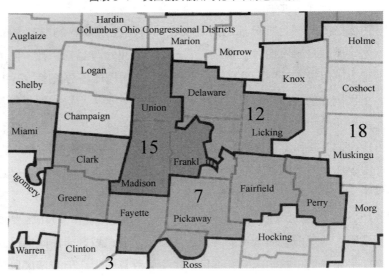

134　民主四讲

我们发现，这样划分选区的结果是，在过去50年甚至更长时间里，这三个选区一直是共和党的天下。这可以算作分离策略的例子。

至于说堆垛策略的例子，那就不胜枚举了。图表3-8列举的是四个较为离谱的例子，它们看起来不像地图，而像艺术品，我们不得不对政客们的"想象力""创造力"叹为观止，他们如此煞费苦心，目的当然不是为了选举的公正，也不是为了实行民主；读者应该可以猜到他们的目的吧？看起来完全无害的东西，到了政治家手里，也可以变成竞争的游戏。有了这些曲里拐弯的选区以后，你虽然投了票，但你的票很可能因为在选区内太少或太多而被浪费了，而其他人的票却可以起放大作用。由此可见，不是有了普选、有了"一人一票"，人人在票箱面前就平等了。投票看起来是平等的，但你仔细再琢磨一下，事情就不那么简单了。

美国是"格里蝾螈"策略的发源地，但只要条件允许，其他国家的政客绝不会放弃运用这种策略的机会。因此，在爱尔兰、北爱尔

图表3-8 运用堆垛策略的四个例子

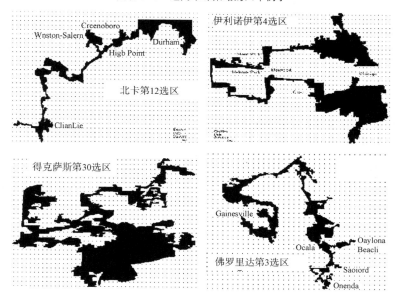

兰、德国、智利、马来西亚、新加坡、拉脱维亚、中国台湾，以及其他很多地方，也可以找到运用"格里蝾螈"策略的例证。其他一些国家为了限制这种策略的使用，近几十年里都作了一些选举制度方面的改革，如把选区划分的责任从政客手中拿开，交给中立或跨党机构处理。但美国的既得利益集团势力太强，那些从选区划分中获利的政党和政客拼命抵制改革。不仅如此，2006年6月28日，美国最高法院还做出裁决，认为众议院前共和党领袖汤姆·狄雷（Tom DeLay）2003年改变得克萨斯州选区图的做法没有问题，这实际上等于授权美国全国的政客可以随意改变选区以维护其政党或其自身的利益。因此，在美国，"格里蝾螈"的游戏未来仍然会大行其道。

**投票规则**

选举就要投票，投票就要规定得多少票才算当选，这就是投票规则。理论上，可以有五种不同的规则。第一种叫作全体一致的同意，即只有得到所有人的投票，一个人才能当选；有一个人反对都不行。第二种叫作绝大多数人支持，即必须得到70%或80%投票才可以当选。第三种是得多数票者（即超过50%）当选。第四种是得票最多的那个人当选，所谓"最多"是相对其他候选人，哪怕只得到25%的选票，只要其他候选人得票都少于20%，就可当选。第五种是比例规则，即各党得到的席位与它们得到的选票成比例。如30%的选民投票支持某党，该党就应该得到30%的席位。

这五种投票规则中，哪一个最符合民主原则呢？全体一致支持的规则听起来最民主，其实未必。如果需要全体选民支持才能当选，那么首先是不可能，其次也不好，因为只要有一个人不支持，这一个人的票便与其他99%的人的票一样重要，这当然不合理，不符合民主原则。绝大多数支持的规则也会遇到同样的问题，比如要求80%的人支持才能当选，那就等于赋予20%的人否决权，少数否决多数，这也没有道理。因此，理论上可能的五种规则里面实际上只有三种可能：第一个是简单多数制，第二是相对多数制，第三个是比例制。

现实中各国的投票制度一般按照这三种投票规则分为三大系列：多数制、比例制和混合制，每一系列内部又分为不同的形式（见图表3-9）。限于篇幅，我不准备对各种投票制度一一做详细介绍，只打算粗线条地描述和评价一下它们。

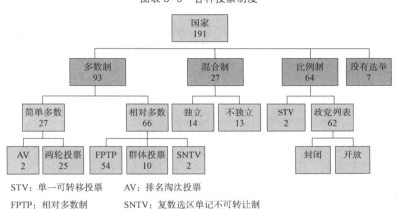

图表3-9　各种投票制度

STV：单一可转移投票　　AV：排名淘汰投票
FPTP：相对多数制　　SNTV：复数选区单记不可转让制

一般而言，"多数制"下，每个选区只能有一人当选。上图里的"多数制"包括了两种多数制，即"简单多数制"与"相对多数制"。简单多数是最常见的投票规则之一，它要求当选人必须获得至少50%选民的支持。在候选人多于两人的情况下，很可能出现没有一位候选人获得50%选票的局面，解决这个问题的方法有两种：一是采取"两轮投票"，一是采取"排名淘汰投票"（AV，即alternative vote）。两轮投票是指，如果第一轮投票没人获得50%以上的选票，就得对得票最高的两位候选人进行第二轮投票，胜者当选。如在2007年的法国总统选举中，第一轮投票中有12位候选人，其中只有两人获得多于20%的选票，得票最少者只得到0.34%的选票。第二轮投票在人民运动联

第三讲　现代民主的机制与运作　　137

盟主席萨科齐与社会党候选人罗雅尔之间展开，最后萨科齐以53.69%对46.31%的得票率胜出，当选新一任法国总统。法国2002年的总统选举也是经过两轮投票才选出总统的。"排名淘汰投票"也要求当选者获得50%以上的选民支持，但不必进行第二次投票，因为选民在投票时已经对所有候选人进行了排序。选后，先查验选民的第一选择，若有候选人获得半数以上选票，即告当选；否则，排名最末的候选人出局，并将其获得选票上第二位候选人的票数分配给其他候选人。如此循环往复，直至有人获得半数以上选票为止。澳大利亚国会下议院选举即采此法。这种方法的缺点在于程序复杂，容易把选民搞得晕头转向。相比之下，两轮投票虽然费钱费时，但更简单、更能直接反映选民意愿。

"相对多数制"之下，如果每个选区只能选出一个人，不管有多少候选人，哪位候选人得票比其他候选人都多，便可当选，这叫the First Past the Post，或简称FPTP。FPTP意味着，一个候选人即使没有得到大多数选民的支持，他还是可能当选，这显然有失公正。国内不少人鼓吹"海选"，即不确定候选人的选举。如果"海选"配上"相对多数制"，就可能出现这样的局面：50个人出来竞选，大多数候选人得到2%左右的选票，这时只要有人得到3%的选票，即可当选。而操控3%的选票易如反掌。"相对多数制"还可能造成少数派当选的局面。台湾2000年的"总统"选举很说明问题。当时，"绿营"的陈水扁得票39%，"蓝营"的宋楚瑜得了37%，只比陈水扁少2%，连战得了23%。但由于在三个候选人里面陈水扁得票最多，虽然没有超过50%，但是他最后当选了。如果换成"简单多数制"，第一轮投票后举办第二轮投票，让陈水扁与宋楚瑜对决，原来支持连战的"蓝营"选民大多会把选票投给宋楚瑜，结果就会是宋楚瑜当选，而不是陈水扁。由此可见，投票规则不一样的话，可以使选举结果，以至于政治版图非常不一样。因此，谁来制定投票规则是大有学问的，政客们都会挖空心思在这方面做文章，设计有利于自己一派的投票制度。

"多数制"一般适用于单一选区，即每个选区只有一人当选的选区。但有些地方在复数选区的背景下，依然使用多数制。这就出现了所谓"复数选区单记不可转让制"（Single Non-Transferable Vote，SNTV），即每个选区不是只选一个人，而是选好几个人，但每个选民只能把票投给一位候选人，且这一票是没有排序的、不可转让的，得票最多的那几位候选人当选。假设一个选区里面可以选出五个议员，而这个选区有 15 个候选人，其中最高的得了 25% 的票，次高的得了 20% 的票，第三的得了 18% 的票，第四的得了 15% 的票，第五的得了 12% 的票，还有 10% 的票分散到其他的候选人，那就是这五个得票最多的候选人当选。这种"复数选区单记不可转让制"曾经在亚洲比较常见，如日本、韩国、中国台湾，但现在被认为是问题较多的一种制度，因为在一个选区里面选出多于一个代表，而每个选民却只能把票投给一位候选人，结果就会造成同一个政党的候选人互相竞争，久而久之在同一政党内形成派系。日本的党内派系林立、中国台湾地区党内派系林立，都跟这种投票制度是大有关系的。鉴于这个问题，日本在 20 世纪 90 年代做了一部分的选举改革，但是现在因为还有一部分没有改，所以派系的问题依然存在。从 2008 年起，台湾地区的"立法院"选举也放弃了这种投票制度。

简单多数制和相对多数制虽然不一样，但它们的共同特点是赢者通吃。什么叫"赢者通吃"？看看图表 3-10 给出的例子就清楚了。假设有一个小国，它划为五个选区，共有三个政党，要选出五人组成的议会。投票的结果是政党 A 在五个选区都获得了 50% 的选票；政党 B 在五个选区的表现略为逊色，都得到了 49% 的选票；政党 C 大败，在五个选区都只得到 1% 的选票。不管是实行简单多数制，还是相对多数制，政党 A 都将垄断议会所有席位，而政党 B 与政党

C一样一无所获。简言之，在简单多数制下，我得到了51%，另外49%的人投票给另外一个人，这49%的人我就不管了；在相对多数制下，事情更荒唐，我被30%的人选上，其他70%的人支持其他候选人，但没有一个候选人超过我30%的选票，我就代表这30%的选民，其他人我就不管了。赢者通吃的游戏显然有损于选举结果的代表性。

在比例制下，每个选区往往有多于一人当选，因而结果会不同，不会出现赢者通吃的局面。以丹麦2001年的选举为例（见图表3-11），六个党所得选票的比例与它们在议会里获得的席位比例非常接近。比例制之所以产生这样的效果，是因为其出发点就在于让各政党所获席次的比例与其所获选票的比例尽量吻合，以增强选举结

图表3-10 多数制下的赢者通吃

| 政党 | 选区1 | 选区2 | 选区3 | 选区4 | 选区5 | 总计 |
|---|---|---|---|---|---|---|
| A | 50 | 50 | 50 | 50 | 50 | 5席 |
| B | 49 | 49 | 49 | 49 | 49 | 0 |
| C | 1 | 1 | 1 | 1 | 1 | 0 |

图表3-11 丹麦2001年的议会选举

| 政党 | 选票% | 席位%（179） |
|---|---|---|
| 自由党 | 31.3 | 31.3（56） |
| 社会民主党 | 29.1 | 29.1（52） |
| 人民党 | 12.0 | 12.3（22） |
| 保守人民党 | 9.1 | 8.9（16） |
| 社会主义人民党 | 6.4 | 6.7（12） |
| 激进左翼社会自由党 | 5.2 | 5.0（9） |
| 其他 | 6.9 | 6.7（12） |
| 总计 | 100 | 100（179） |

果的代表性。我们假设一下，如果丹麦不是采取比例制，而是多数制，很可能只有两个大党在议会里面有席位，其他的党则可能完全没有机会在议会里面立足。

如果着眼于政党而不是候选人个人，"政党列表"是比例制的一种最常见做法：选举时，各政党提供一个自己候选人的排列名单，选民投票给自己中意的政党，然后各党按所获选票的比例分到相应比例的议席，最后各党按自己的候选人名单顺序将议席依次分配给候选人，排在最后的候选人也许得不到任何席次。这样的体制，选区数量越少、选区规模越大，其代表性越强。许多欧洲国家采取这种体制。

如果着眼于候选人而不是政党，比例制可采取"单一可转移投票"（STV，即 Single Transferable Vote），它要求选民按自己的偏好对所有候选人进行排序，然后用某种复杂的计票办法来确定是否有候选人获得了当选的最低票数，是否应淘汰哪位候选人，一直到所有席次被分配完毕为止。这种方法不仅可尽量减少废票，让政党所得席次与它们所得选票成比例关系，还可以给选民更多的选择，不必受"政党列表"的约束。但它的缺点也很明显，那就是计票方式太繁杂。因此，实行这种体制的国家只有爱尔兰、英国的北爱尔兰地区和马耳他。

在"多数制"与"比例制"两大系列外，还有形形色色的"混合制"。"混合制"顾名思义就是将"多数制"下的各类变种与"比例制"下的各类变种结合起来，其结合方式可能千变万化。不过，所有的混合制形式有一个共同特点，即选民投两张票，一张选票投给本选区的候选人，另一张选票投给政党。至于怎样确定一个选区的当选人，怎样确定各政党的得票比例，怎样处理选区当选人与政党当选人的关系，不同形式的"混合制"之间差别很大。这里对此就不详细讨论了。

在全球 191 个国家中，有 93 个采取某种形式的"多数制"，有 64

个采取某种形式的"比例制",还有27个采取某种形式的"混合制"。如果分开地域看,欧洲国家倾向于采取"比例制";前苏联以及东欧地区是投票机制的试验场;其他地区倾向于采取"多数制",尤其是"相对多数制"(见图表3-12)。

不同的选举制度产生的结果是不一样的。选举可能出现三种结果:一种情况是"名副其实的多数",即一个党赢得多数的选票,同时也赢得了议会里多数席位,选票与席次是匹配的。另一种情况是制造出来的"假多数",即在议会里占多数席位的政党,并没有得到多数的选票。还有一种情况更离谱,可以叫作"人为的少数",即某政党得到了多数选票,但它在议会里却没有得到多数席位。有人也许会想,后两种情况只是理论上的可能,现实中不会出现,其实不然。

例如,在英国2001年的选举中,工党得到了40.7%的选票,但它在下院得到了62.5%的席位,出现了完全不成比例的放大效果。保守党得到31.7%的选票,但在下院的席位只占总数的25.2%,出现缩小效果。更惨的是自由民主党,它拿到18.3%的选票,却只得到

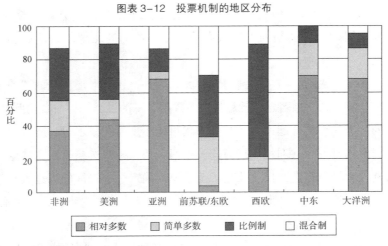

图表3-12 投票机制的地区分布

数据来源:The International IDEA, *Handbook of Electoral System Design*, 2002, p.22.

7.9%的席位。这还不算很奇怪，在1974年的选举中，工党得到的总的选票是37.2%，保守党得到的选票是39.3%，后者得的选票比前者多，但结果却是工党得到了下院里大多数的席位，这很难让人服气。在英国这个有点儿君子风度的地方，也许可以容忍，换个其他地方可能会打起来。为什么我这个党得到的票多，但却由别的党执政？听起来的确是非常没有道理的。

这种情况不仅在英国出现，在美国、加拿大、澳大利亚、新西兰都出现过。在新西兰1978年的选举中，国民党赢得了92席位里面的51席位，但它得到的选票不是多数，甚至也不比对手得到的选票多。对手工党得到40.4%的选票，国民党只得到了39.8%，结果国民党却赢得了选举。这种情况到1981年又出现一次，得票第二的政党赢得了议会的多数席位，结果成了执政党。就是因为这个情况反复出现，新西兰20世纪90年代以来改变了他们的投票规则。当得票少的政党赢得多数议会席次、得票多的政党变成议会里的少数时，政府的决定就不是多数统治，而是少数统治了，它无论如何不能被称之为"民主"。问题在于，在有些投票机制下，这种结果难以避免。

那么，什么样的投票机制更容易造成"假多数"或"人为的少数"呢？一般而言，实行多数制的国家，席位和选票之间的相关关系比较弱；实行比例制的国家，选票和席位之间的相关关系会比较强；实行混合制的国家，两者的相关关系也很强。英国实行的是多数制，新西兰在1992年改革以前同样实行多数制。它们与实行比例制的荷兰非常不同。在荷兰2003年1月份举行的议会选举中，共有十多个政党参与竞选，结果，九个大党共获得98.7%的选票，其中六个较小的政党得到的选票都没有超过6.5%。但这九个政党全部在议会获得了席位，而且它们各自所获席位的比例与所获选票的比例相差都不超过1%，可算是高度吻合。如果实行多数制，这种结果是难以想象的。

为了便于系统地比较各种投票机制的优劣，有人发明了一个公式，计算选票与席次之间不合比例程度的指数。我们在这里不去纠缠怎样计算该指数，只看一看哪些国家的指数低？哪些国家的指数

图表3-13　36个民主国家中选举制度（立法机构选举）与平均选举不合比例指数（1945—1990）

| 国家 | 不合比例指数（%） | 选举制度 | 国家 | 不合比例指数（%） | 选举制度 |
| --- | --- | --- | --- | --- | --- |
| 荷兰 | 1.30 | 比例制 | 西班牙 | 8.15 | 比例制 |
| 丹麦 | 1.83 | 比例制 | 澳大利亚 | 9.25 | 多数制 |
| 瑞典 | 2.09 | 比例制 | 巴布亚新几内亚 | 10.06 | 多数制 |
| 以色列 | 2.27 | 比例制 | 英国 | 10.33 | 多数制 |
| 马耳他 | 2.36 | 比例制 | 哥伦比亚 | 10.62 | 比例制* |
| 奥地利 | 2.47 | 比例制 | 新西兰 | 11.11 | 多数制 |
| 德国 | 2.52 | 比例制 | 印度 | 11.38 | 多数制 |
| 瑞士 | 2.53 | 比例制 | 加拿大 | 11.72 | 多数制 |
| 芬兰 | 2.93 | 比例制 | 博茨瓦纳 | 11.74 | 多数制 |
| 比利时 | 3.24 | 比例制 | 哥斯达黎加 | 13.65 | 比例制* |
| 意大利 | 3.25 | 比例制 | 特立尼达 | 13.66 | 多数制 |
| 卢森堡 | 3.26 | 比例制 | 委内瑞拉 | 14.41 | 比例制* |
| 爱尔兰 | 3.45 | 比例制 | 美国 | 14.91 | 多数制* |
| 葡萄牙 | 4.04 | 比例制 | 巴哈马 | 15.47 | 多数制 |
| 冰岛 | 4.25 | 比例制 | 巴巴多斯 | 15.75 | 多数制 |
| 挪威 | 4.93 | 比例制 | 毛里求斯 | 16.43 | 多数制 |
| 日本 | 5.03 | SNTV | 牙买加 | 17.75 | 多数制 |
| 希腊 | 8.08 | 比例制 | 法国 | 21.08 | 多数制* |

注释：带*符号的国家实行总统制，而不是议会制。
数据来源：Arend Lijphart, *Patterns of Democracy* (New Haven: Yale University Press, 1999), table 8.2.

高?从图表3-13看,比例制的优势几乎完全毋庸置疑。比如在实行比例制的荷兰、丹麦的不合比例指数很低,而在实行多数制的国家毫无例外地都比较高,尤其是那些同时采取总统制的国家,如美国和法国。

尽管妇女获得投票权已经过去了几十年,但截至2000年,在全世界182个有数据的国家里,女性在议会下院占据的席位比例平均只有11.7%。那么,哪种投票机制最不利于女性当选呢?图表3-14显示了不同投票制度下妇女的代表性。可以看到,妇女在议会下院所占席位的比重在比例代表制下最高,平均为15.4%;在多数制下最低,只有8.5%;在混合制下居中,平均为11.3%。因此,多数制是一种对妇女歧视作用较大的制度。

当然,没有任何一种投票制度能够产生完全有代表性的结果。耶鲁大学教授道格拉斯·芮(Douglas Rae)1971年出版过一本书《选举规则的政治结果》(*Political Consequences of Electoral Laws*)。他从理论和实证的角度证明,所有的选举制度,都很难产生完全代表性的结果,无论是相对多数制、简单多数制,还是比例代表制。这就是说,

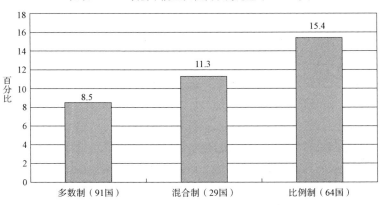

图表3-14 议会下院里女性代表的比重(2000年)

数据来源:Inter-Parliamentary Union,"Women in Parliament Database"(2000),www.ipu.org

选民通过投票很难把自己的意愿完全表达出来；只是在有些投票机制（如比例制）下，表达得更充分一点儿；在另一些投票机制（如多数制）下，表达得更差一点而已。

除了影响代表性，不同的投票机制还会影响选民的投票率，因为在有些投票机制下，不少人会觉得由于制度安排不合理，自己的选票很可能被浪费，所以就不投票了。图表3-15展示的是20世纪90年代各种投票机制下的投票率。我们看到，在采取多数制的77个国家里，平均投票率只有60%出头；在采取比例代表制的68个国家里，平均投票率是70%，比前者高了10%；在采取混合制的26个国家里，平均投票率几乎居中，为64%。如果我们认为民主是需要人民参与的，显然比例代表制的投票制度更有利于人们来参与政治生活。

这一节让我们认识到，选举并不是在法律上赋予每个成年人以投

图表3-15　不同投票体制下的投票率

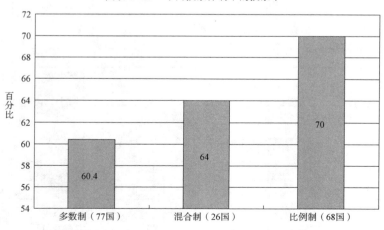

数据来源：Pippa Norris, *Democratic Phoenix: Reinventing Political Activism*（Cambridge University Press，2002），Chapter 4

票权那么简单。程序上某些规定可能让拥有选举权的人无法参与投票；选区划分方面的猫腻可能导致大批选民的选票因过多或过少而被浪费；投票和计票的某些方式可能大幅降低选举结果的代表性以及投票率。现在，世界一共有200个左右国家，如果把选举权、选区划分、投票规则的各种形式进行组合的话，会产生无数种可能的选举制度。在代表人民意愿方面，不同的选举制度会产生非常不一样，甚至决然相反的结果。采取哪一种选举制度最符合民主原则？采取哪一种选举制度最符合当地的经济、社会、政治、文化、人口分布特点？对这些问题，学术界还完全没有共识。在现实政治中，选择哪一种选举制度往往是各种政治势力之间博弈的结果，而不是出于对民主理念的思考。因此，对真正关心民主的人而言，他们必须依据理想民主的原则对此作深入的思考，而不是停留在最肤浅的层面上，即一味盲目地呼吁实行无限制的投票。

## 二 政党制度

"党"在中文里不是一个好字眼儿，其原意指群、类、朋党、偏私、不公；与"党"相关的中文词也往往是贬义词，如"党邪陷正""党同伐异""党同妒异""党羽""党见""党庇""党徒""党恶佑奸""党阀""党翼"等等，不一而足。欧阳修的《朋党论》是一个最广为人知的例子。为此，周代的《书·洪范》就断言："无偏无党，王道荡荡。"

其实，不光中国人以前认为党不好，西方人也未必认为党是好的。最早的党大概是17世纪末出现在英国的辉格党、托利党，它们无非是一小部分精英在议会里形成的小圈子而已。美国的国父们对政党以及由此带来的党争非常反感。最著名的例子也许是由麦迪逊于1787年执笔写的《联邦党人文集》第10篇。在这篇文章里，麦迪逊把"党争"定义为"一些公民，不论是全体公民中的多数或少数，团结在一起，被某种共同情感或利益所驱使，反对其他公民的权利，或者反对社会的永久的和集体的利益"。在他看来，党争败坏了公共管理，使它变得不稳定、不公正。他深刻地指出："造成党争的最普遍而持久的原因，是财产分配的不同和不平等。有产者和无产者在社会上总会形成不同的利益集团。债权人和债务人也有同样的区别。土地占有者集团、制造业集团、商人集团、金融业集团和许多较小的集团，在文明国家里必然会形成，从而使他们划分为不同的阶级，受到不同情感和见解的支配。"这意味着，只要不消除阶级差别，"党争的原因不能排除，只有用控制其结果的方法才能求得解决"。

美国的第一任总统华盛顿也十分厌恶政党。当华盛顿于1796年9月17日发表告别演说时，他提出了四条忠告，其中第二条就是"反对政治派系之争"。他说：

> 我已经提醒你们，在美国存在着党派分立的危险，并特别提到按地域差别来分立党派的危险。现在让我从更全面的角度，以最严肃的态度概略地告诫你们警惕党派思想的恶劣影响。不幸的是，这种思想与我们的本性是不可分割的，并扎根于人类脑海里最强烈的欲望之中。它以各种不同的形式存在于所有政府机构里，尽管多少受到抑制、控制或约束。但那些常见的党派思想的形式，往往是最令人讨厌的，并且确实是政府最危险的敌人。它往往干扰公众会议的进行，并削弱行政管理能力。它在民众中引起无根据的猜忌和莫须有的惊恐；挑拨派系对立；有时还引起骚动和叛乱。它为外国影响和腐蚀打开方便之门。外国影响和腐蚀可以轻易地通过派系倾向的渠道深入到政府机构中来。这样，一个国家的政策和意志就会受到另一

个国家政策和意志的影响。

为此,华盛顿认为,"假如我们要维护用血与泪换来的自由和独立,那么就必须抛弃并驱赶政党精神这个恶魔"。美国第三任总统杰斐逊甚至耻于与政党有任何瓜葛,他说,"如果我非同一个政党一起就不能进入天堂,我宁愿永不进入天堂"。

真正开始有人赞扬政党是比较晚的事情。在1888年出版的一本有关美国的书中,英国人詹姆斯·布莱斯(James Bryce,1838—1922)说,"政党是不可避免的,一个自由的大国没有政党是不行的。没有人能告诉我们,没有政党代议制政府如何还能运作"。他大概是最早说政党好话的人之一。再过了半个多世纪,美国学者夏特·施耐德(E.E.Schatt Schneider,1892—1971)于1942年出版了一本题为"政党政府"(*Party Government*)的专著,在其中他说的一段话后来变成了名言:"应该直截了当地说,政党创造了民主,现代民主没有政党是难以想象的。"此后,几乎所有关于政党的书都会引用这段话。因此,可以说,只是到了非常近的年代,人们才把党看作一个好东西。我在第一讲中曾讲到,民主本来是坏东西,后来才变成好东西;政党也是如此,早期被认为是坏东西,只是到了近一个世纪才把它看成是好东西。后面,我们将会看到,实际上,现在西方又有很多人把政党看成是一个坏的东西。

政治生活中,各种各样的组织很多,政党与其他政治组织的区别在于,其目的不是影响决策,而是通过选举或其他方式执掌政权。

在西方的政治体制下,政党主要有四个方面的功能。一是代表,二是组织,三是稳定,四是制定政策。我要强调的是,这四方面的功能都是限制公民的选择范围,把公民的选择范围尽量地压缩,变成由几个政党来代表。

先看代表功能。公民本来的偏好可能千差万别,分布非常发散,政党居于社会势力与政府之间，一方面将公民的要求加以归纳、提炼，传达给政府；另一方面，将政府的政策加以解释，传达给社会公众。这里，所谓"代表"，其实就是将发散的民意整合为不多的几条要求，使政治体系能更有效地做出回应。很明显，经过政党的整合，人民的选择范围缩小了。

组织功能包括招募、训练政治精英，提名他们担任公职，动员各种资源，支持政治精英参加选举、赢得选举。说到底，组织功能就是要挑选政治精英，反映了一种精英的倾向。

稳定功能是指要参与制度内的竞争，政党必须接受现行体制的价值规范、游戏规则，从而为维护现状创造了条件。为了参与制度内的竞争，政党必须影响民众政治偏好的形成（而不仅仅是反映民众的偏好），把形形色色的个人与团体纳入现行政治秩序，诱导民众采取或不采取政治行动，防止异端政治势力形成新的政党，破坏现行政治秩序。这些作为显然含有保守的成分。政治稳定有时是好东西，但未必永远都是好东西。

最后，政党存在的目的就是要执政，要掌握制定政策的权力。执政前，政党往往会提出自己的政策主张；不过，一旦执政，这些政策主张很少能约束政党的政策选择。这就是政党的政策制定功能。归纳起来，政党的功能无非是限制公民的选择范围，尽量把他们发散的要求和偏好选择整合成政治系统能够处理的问题。

现在世界上恐怕有成千上万个政党，我们可以用各种指标对它们进行分类。例如，在没有实行普选的19世纪上半叶，政党多是"精英党"（Cadre parties），不过是议会成员之间形成的小圈子，活动范围也局限于烟雾缭绕的密室内。1860年前后，"大众党"（Mass parties）开始出现，他们向整个社会招收党员和支持者，并在全国范围内设立分部和支部。介于大众党与精英党之间的是"信徒党"（Devotee party），它们是大众的，因为党员众多；但它们也是精英的，因为并不是任何人都能入党，要经过一系列严格的审查。

另一种分类是看政党之间的政治分界线。1967 年，两位学者提出了一个理论，认为现代政党都是两次革命的产物。一次是 18—19 世纪欧美各国经历的民族革命，或现代国家形成过程；另一次是 19 世纪的产业革命。前一场革命引发了各国中心地区与边缘地区之间的冲突，以及国家与宗教之间的冲突；后一场革命引发了地主阶级与新兴资产阶级之间的冲突，以及有产者与无产者之间的冲突。19 世纪和 20 世纪上半叶的政党往往可以在这四类冲突中找到坐标，形成激进与保守、左与右的分野。进入 20 世纪下半叶，出现了一些新的社会运动，如妇女、学生、少数族群、环保、消费者保护、同性恋、反全球化等，旧的分野加上新的分野，使政党的坐标图由两维（左、右）变为四维（老左、新左、老右、新右）。

第三种分类是看政党意识形态色彩的强度。有些政党有强烈的意识形态色彩，只服务于特定的阶级或其他特定人群（德国的"绿党"）。另一些政党非常实用主义，争取最多选票是唯一考虑，常被人称之为"全民党"（Catch-all Parties）。现在西方社会的那些大党往往都是些"全民党"。它们刚成立时，也许还服膺某种意识形态，但为了打选战，最终放弃意识形态的原则，向中间靠拢，以尽可能多地争取选票。当主要政党都变成"全民党"时，政党之间的差别模糊了，政党的代表功能也萎缩了。

为政党分类是一回事，为政党制度分类是另一回事。政党制度是一个国家政党分布的一般形态，其分类最重要的标准是政党的数量。政党数量看似一个简单的计数问题，其实并不那么简单；除了"多党制"数目比较模糊外，如何计算"两党制"的两党、"一党制"的一党，还得有个尺度。以英国为例，我们平常说英国实行两党制，大家一般只知道英国的工党与保守党。但在英国议会 2005 年产生的 55 届下议院里，除了两个大党占据 646 席中的 553 席外，还有另外 12 个政党的议员。在英国社会里，截至2007年，更有200多个登记在册的政党。那我们凭什么把英国的政党制度叫作"两党制"呢？同样的问题也出现在美国和其他国家。

当我们谈政党制度时，政党的数量不是指社会中存在的政党的数量，也不是指议会里所有政党的数量，而是指下议院中占支配地位政党的数量。更准确地说，有效政党的数量是占据下议院95%席位的头几位政党的数量。有两个政治学家（Markku Laakso 与 Rein Taagepera）在1979年甚至提出了一个怎么算有效政党的公式，如下所示。不懂这个公式也没关系；懂数学的读者则不妨找找各国议会的数据，自己计算一下各个国家到底有多少个党。

$$N=\frac{1}{\sum S_i^2}$$

$S_i$ 表示第 i 个政党拥有席位的比例

用上面的公式计算，各国的政党制度大概可以分成五大类。第一类是无党制。雅典民主就是一种无党制；由于国父们的反对，美国最初也是无党制，那时国会候选人以个人名义，而不是政党的名义参选。今天，美国内布拉斯加州的议会仍沿用这种制度。世界上也还有不多的几个国家没有政党，如中国的近邻不丹，这个只有67万人口的小国在2007年以前还没有政党，2007年才有几个政党注册。实行君主制的产油国文莱虽然有几个政党，但立法会成员是任命的，与政党无关，因此也可归入无党制。

第二类是一党制，即不允许反对党存在，只有一个政党执政的体制。世界上最早的一党制大概出现在美国模式的非洲版——利比里亚。受美国辉格党的影响，那些从美洲移民利比里亚的美国黑人于1878年建立了"真正的辉格党"（True Whig Party），在此后的100年里，这个党是利比里亚唯一的合法政党，它只代表美国黑人及其后代，压制占人口大多数的利比里亚土著居民，直到1980年被政变推翻。有意思的是，美国在很长时间里接受了这种体制，并大力支持该党的统治。西方国家一般把共产党执政的国家都归于一党制的类型，实际上，历史和现实里存在过上百个一党制。

第三类是一党独大，有些国家虽然允许其他党存在，但实际上是一党独大的。这种情况既有左翼政党一党独大，也有右翼政党一党独大。比如说瑞典，社会民主党从 1932 年至 2006 年几乎一直执政，自 1907 年以来，该党所有领袖都曾担任过政府首相。2006 年，四党同盟赢得选举，原因是它们的立场都向左靠拢了。爱尔兰自 1921 年独立以来，除少数年份外，一直由共和党（Fianna Fáil）执政。与瑞典一样，共和党的领袖也都曾担任过政府总理。以色列的工党现在出现了很多问题，但是 1948 年到 1977 年这几十年里面都是工党执政。日本右翼自民党从 1955 年到 1993 年执政，1993 年下台后三年，自 1996 年开始，又开始连续执政。所以战后日本几乎从来都是自民党执政。另一个前法西斯国家意大利，战后很长时间里是基督教民主党执政，从 1948 年一直到 1992 年。意大利另一个大党——共产党（它也是西欧最大的共产党）却因为冷战的原因未曾获得执政机会。印度国大党连续执政达 30 年（1947—1977）；墨西哥的制度革命党执政时间更长，从 1920 年一直延续到 2000 年。加拿大实际上也是如此，从 1896 年以来的 111 年间，有 79 年由自由党单独执政，这还不包括它与别党联合执政的年份。其实，在 19 世纪 80 年代至 20 世纪 70 年代这 90 年间，美国南部也几乎完全是民主党一统天下。由于出现这么多一党独大的例子，1990 年，一群学者还出版过一本论文集，题目叫"非同寻常的民主：一党独大的政权"（*Uncommon Democracies: The One-Party Dominent Regimes*），其中涉及瑞典、以色列、日本、意大利。除了这些例子以外，在非洲、亚洲、拉丁美洲，由一党长期单独执政的国家还很多。

第四类是大家熟悉的两党制，在这种体制下，两大政党轮流坐庄，其他小党只能在这种体制里小打小闹，永远没有机会参与执政。仔细观察的话，我们会发现，英语国家里面非常容易出现两党制。比如，美国国会里面95%以上的席位永远由民主党和共和党占据。在新西兰、澳大利亚、英国的议会里面的绝大多数席位在很长时间里也往往是被同样两个党占有，不过近些年来发生了变化。有些国家（如美国）可以被叫作纯粹的两党制；另一些国家可能是两个半党制，如今天的英国，第55届议会下议院里工党有356席，保守党有197席，第三大政党民主党还占有63席。这63席也许不能决定政策走向，但如与其他政党联手，执政党也不能忽略不见。

最后一类是多党制，即有多于3个主要政党的制度。多党制也可细分为轻度多党制和高度多党制，前者指有3—5党，其中一个能掌握议会40%以上的议席，处于主导地位，但其他的政党可以形成政治同盟与之抗衡；后者指有6个以上的党，且没有一个政党能掌握议会40%以上的议席。比如以色列在1977年工党一党独大的格局破裂以后，逐步演变成一个高度多党制。在2006年选举形成的第17届国会中，第一大党"前进党"只占据120个席位中的29个议席，第二大党"工党"19席，第三大党"沙斯党"12席，第四大党"利库德"集团12席，第五大党"以色列——我们的家"11席，其余还有7个党，分别得到3—9席。国会内一共有12个党的代表；参与国会选举竞选的还有另外19个党，只不过它们没有迈过进入国会的最低门槛；此外，还有6个党没有参加2006年的选举；2个党出现在这次选举以后。这样算下来，700万人口的以色列共有39个政党。

目前，世界上236个政体中，26个是无党制，8个一党制，41个一党独大制，35个两党制，最多的是多党制，共有126个。那么，为什么不同的国家采取不同的政党制度呢？历史的偶然性当然是可能的原因之一，但这似乎不是一个令人满意的回答。社会的特性恐怕也是一个原因。我们很容易想象,分歧线比较多的社会(如阶级的、宗教的、种族的、文化的、语言的分歧),政党的数目可能比较多。但大多数社会里的分歧线似乎都比政党的数目要大得多,一些社会分歧并没有演化为政党对立。近几十年里,大部分研究政党制度的人都注意到,选举制度与政党制度之间存在着紧密的关系。最早发现两者关系的是法国政治社会学家杜佛杰(Maurice Duverger,1917— ),他在20世纪50年代和20世纪60年代发表的一些论文中观察到选举制度对政党制度的影响。更具体地说,杜佛杰提出三个论断:第一,单一选区相对多数决倾向产生两党制;第二,复数选区比例制倾向产生许多相互独立的政党(多党制);单一选区两轮多数决(第一轮得票最多的候选人参与第二轮投票)倾向产生容易形成战略同盟的多党制。后来,有人把这些论断称之为杜佛杰定律(Duverger's Law)。为什么会出现这些规律性的现象呢?原因是在单一选区相对多数决的制度环境下,只有一位得票相对最多的候选人可以当选。对选民来说,由于害怕自己的选票被浪费,他们会进行策略性投票,将票投给自己心仪的候选人中最有机会胜出的那一位,而不是自己最中意的那一位候选人。既然小党的候选人胜出的机会小,选民倾向在大党的候选人中做选择。同时,对候选人来说,由于只有选票超过其他竞争者才能当选,他们会使尽浑身解数向中间选民靠拢,而不是着眼于政治光谱两端的选民。如此一来,选民与候选人两方面的考虑都容易导向两党对决的局面。在比例代表制的制度环境下,得票不多的小党也可以按比例分配到席次,因此会有选民投票支持它们,使之得以生存。而在两轮多数决的制度环境下,第二轮投票使选民在第一轮的选票不会白白浪费。因此,选民在第一轮会按自己的意愿投票,各选区能参与角逐第二轮投票的候选人不会集中于两大党。但由于每个选区只能选出一人,第二轮投票前,有些政党会倾向于相互做政治交易,我在甲选区支持你的候选人，你在乙选区支持我的候选人，形成带战略同盟色彩的多党制。

图表3-16在一定程度上证实了杜佛杰定律。我们能同时找到选举制度与政党制度资料的政体共195个，目前在实行两党制的32个政体里，21个或66%采取简单多数或相对多数代表制；在实行多党制的107个政体里，57个或53%采取比例代表制。这说明杜佛杰定律不是铁律（社会科学里很难找到什么铁律），而是出现概率较高的现象。要找不符合杜佛杰定律的例外十分容易，在选举上实行多数代表制的印度、英国、加拿大（很多英语国家实行多数代表制），并不完全是两党制。其实，杜佛杰本人也不认为他的论断是绝对真理，只不过多数代表制倾向遏制新兴政治力量的出现，加速淘汰衰落的政治势力；而比例代表制的作用正好相反。图表3-16也印证了杜佛杰的这个判断，我们看到，多数代表制不仅容易产生两党制，也容易孕育一党独大、一党制和无党制。

图表3-16 选举制度与政党制度的关系

| 选举制度/政党制度 | 两党制 | 多党制 | 一党独大 | 一党制 | 无党制 | 总计 |
| --- | --- | --- | --- | --- | --- | --- |
| 简单多数/相对多数 | 21（66%） | 32（30%） | 20（51%） | 5（100%） | 10（83%） | 88 |
| 比例制 | 9（28%） | 57（53%） | 7（18%） | 0（0%） | 0（0%） | 73 |
| 混合制 | 1（3%） | 14（13%） | 12（31%） | 0（0%） | 1（8%） | 28 |
| 其他 | 1（3%） | 4（4%） | 0（0%） | 0（0%） | 1（8%） | 6 |
| 总计 | 32（100%） | 107（100%） | 39（100%） | 5（100%） | 12（100%） | 195 |

那么，到底哪一种政党制度更好呢？这里有两个"好"的标准：一是在多大程度上代表选民，二是对政治稳定是不是有利。美国人和崇拜美国体制的人总爱对两党制大唱赞歌，认为多党制不好。他们的理由是，两党制有利于政治稳定，因为两大党都会自觉向政治光谱的中点靠拢，以争取中间选民；这样一来，政党之间的竞争不会走偏锋。即使选民本身原本是严重分裂的，最后在选举和政党制度的挤压下，两极的选民也不得不向中间看齐，否则他们的选票等于废纸。立场极端的政党因而在两党制下完全没有出线的机会，难以在社会上兴风作浪。此外，两党制可以给选民清晰的政策选择，让选民清楚地知道哪一个政党应该为政策的得失负责任。批评两党制的人认为，这种体制有明显的美国偏向。它首先在代表性上不及格，因为它与其说是代表各种各样的选民，不如说是强迫选民忍痛割弃自己的政策偏好，在两大党提供的菜单里做选择。其次，不应把"内阁稳定"与"政局稳定"混为一谈。在多党制政体里，内阁的更换也许相当频繁，但这并不妨碍政体本身是相当稳定的。何况现存政权的"政局稳定"本身不应该成为价值判断的标准。

一般研究政党制度的学者基本上同意这样一个结论，即多党制在代表选民方面比两党制要好，能够更充分地代表选民。由于选民不必违心地在两个政党之间做选择，他们参与政治的意愿更强烈。这反映在投票率上，多党制下投票率一般比两党制下要高。另外，多党制让极端政党也有机会通过制度渠道参与政治生活，更有利于政局稳定。

由于两党制代表性太差，美国政治学会前会长罗易（Theodore J.Lowi，也是笔者20世纪80年代在康奈尔大学留学时的导师之一）以及其他一些开明的美国政治学者一直建议美国需要一个第三党；他们认为如果有第三党，美国政府会对美国人民更负责一些。但是他们没有回答，在什么情况下美国才会产生第三党。在最近的几次选举中，罗易这些人一直都支持第三党，虽然他们未必喜欢第三党的候选人。但严酷的事实是，除非改变选举规则，第三党在美国国会里赢得席位的可能性非常小；而两大党是现存体制的最大受益者，它们不可能允许对选举规则做出重大变更，这就是所谓"路径依赖"。

无论是倾向两党制也罢，多党制也罢，共同的假设是在民主体制下政党不可或缺。那么各国老百姓是怎样看待政党的呢？美国的民意调查发现，对各种各样的机构的信任度，地方基层政府最高，其次是法院，第三是国会，第四是警察，第五是联邦政府，最低是政党，只有35%的人相信美国的两大党。加拿大的情况也差不多，老百姓对教会、媒体、联邦政府、省政府、军队、公司、法院的信任度都相对较高，他们最不信任的就是政党，只有39%的人信任它们。图表3-17是欧盟的情况。我们看到，不管是在原欧盟15国，

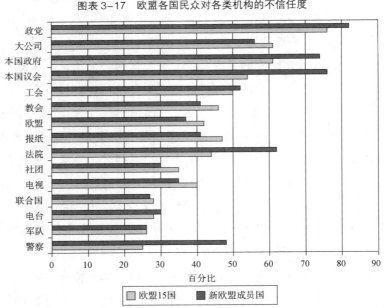

图表3-17 欧盟各国民众对各类机构的不信任度

还是在欧盟新成员国，老百姓最不信任的依然是政党：原欧盟15国有76%的民众不信任政党，而新欧盟国家有高达82%的民众不信任政党。

对政党的不信任也反映在党员占人口的比重上。在1980年以后的20年左右时间里，法国、意大利、英国、挪威、芬兰、荷兰、奥地利、瑞士、瑞典、爱尔兰、比利时、德国等所谓"老民主"国家的党员人数（包括所有政党的党员）都遭遇了9%至65%的下降，平均降幅在30%以上。现在，除奥地利外，这些国家的党员人数占人口比重均在10%以下，平均为5%，英国、法国更在2%以下。在所谓"民主"体制下，入党不像加入共产党那么难，不需要介绍人，不需要考查，大门敞开，任何人随时都可以进出，但现在却没有什么人愿意入党，这说明什么问题呢？有意思的是，只有在匈牙利、葡萄牙、斯洛伐克、希腊、西班牙这些所谓"新民主"国家，党员的人数自转型初起有所增加。这些国家似乎由于经验不足，还与政党暂时处于蜜月期。政党的危机在西方不是一天两天的事情，从20世纪60年代起就有学者讲政党危机，现在政党危机变得更加明显了。如果政党是一个好东西，为什么老百姓不信任它？什么原因使得老百姓不信任政党？不信任是否意味着老百姓把政党看作坏东西？如果民主是个好东西，为什么它需要政党这种坏东西来支撑？有什么其他机制可以替代政党的功能，但同时克服政党的内在问题？这些都是需要大家认真思考的问题。

## 三 行政与立法的关系

现代国家都有立法与行政机构；行政与立法之间的关系一般要么采取总统制，要么采取议会制。这两种体制最关键的差别在于：行政首脑是如何产生的。在议会制下，选民选出议会，议会推选出总理

（首相），总理挑选内阁形成政府。这里，选民并不直接去选首相，只选议会。在总统制下，选民一方面要选议会，一方面要选总统，然后总统再来挑选他的内阁成员。图表 3-18 是一张世界地图，它显示哪些国家采取总统制，哪些国家采取议会制。■色和■色都意味着总统制，可以看到世界上绝大部分的国家，尤其是新兴民主国家，采取的都是总统制。南美洲几乎所有国家也学习美国采取总统制。■色和■色都意味着议会制，议会制在欧洲占主流，也包括亚洲、非洲、大洋洲的一些国家。

在议会制下，立法权与行政权是合一的：行使行政权的那些人来自议会的下院，包括总理也是由议会推举的（往往是议会多数党的领袖），他们同属立法部门和行政部门（英国首相布朗同时也是下议院成员）。[1] 换句话说，立法权和行政权并不是分离的。恰恰相反，两

图表 3-18　总统制与议会制在全球的分布

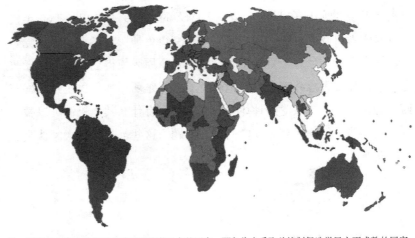

注：■色代表采取总统制且有成熟选举民主的国家，■色代表采取总统制但选举民主不成熟的国家。■色代表采取非总统制且有成熟选举民主的国家，■色代表采取非总统制但选举民主不成熟的国家。

---

〔1〕不过在卢森堡、荷兰、挪威，这种安排是不允许的。

种权力共生（产生议会成员的选举也间接是产生总理的选举）、共灭（总理必须保持议会大多数成员的信任，否则要么下台，要么解散议会，重新举行大选）。在议会制下是没有任期限制的，只要获得议会多数的支持，总理可以永远干下去。正因为权力不是相互分离的，议会制下的政府可以说是"责任政府"，选民清楚地知道执政党或执政同盟应该对施政的成败负责。

在中国，不少人误以为所有的所谓"民主"国家都实现"三权分立"，包括这种民主的批评者和拥护者。其实，这个看法是错误的。例如，在实行议会制的英国，不仅立法权与行政权不是分离的，连司法权与立法权也不可分离，因为掌握最高司法权的是议会上院。

按照萨托里的说法，总统制必须同时满足三个条件：第一，国家元首由直选产生；第二，在其任期内，议会不能投票将他（她）罢免；第三，他（她）领导行政部门。既然立法部门和行政部门分别由选举产生，它们之间不存在共生共灭关系：两个部门的人员不允许交叉任职（如被任命行政职位，美国国会议员必须放弃议员位置）；[1]总统不能解散国会，总统也不会因国会不信任而下台。只有总统制下才会有三权分立，以及与三权分立相关的相互制衡。例如，在美国，行政部门准备年度预算，但国会掌握着批不批准的权力；国会进行立法，但总统拥有对法案的否决权，最高法院也可以宣布国会立法或行政法规违宪；国会三分之二通过可以推翻总统对法案的否决；通过宪法修正案可以让最高法院闭嘴；总统对行政各部门首长和最高法院法官的任命必须经过参议院的听证；在特殊条件下，国会可以对总统进行弹劾。由于权力是分立的、相互制衡的，"责任政府"的概念并不适用于总统制。如果施政不利，立法、行政部门

---

[1] 芬兰是个例外。

可以互相指责对方不合作。

那么，议会制和总统制哪一个更好呢？美国采取的是总统制，美国人和美国模式的推崇者爱说总统制比较好，因为，第一，总统是直选出来的；第二，有权力制衡；第三，总统和议员有固定任期。直接选出来的行政首长一定比间接选出来的行政首长好吗？议会制的拥护者并不这么看。他们认为，总统制难以避免一党控制立法部门，另一党控制行政部门的局面。在这种情况下，很容易形成政治僵局，两个部门互相较劲，使立法难以通过，行政难以展开。

跨国、跨时段的经验研究一般支持议会制优于总统制的看法。议会制对比总统制的优势表现在两方面，一是对民主质量的影响，一是对民主存活率的影响。先看对民主质量的影响。德国一个机构最新的研究发现，如把议会制、总统制和半总统制分开，在24个成熟的民主国家里面，18个采取议会制，2个采取总统制，4个采取半总统制（如法国）；在20个巩固的新兴民主国家里面，13个采取议会制，5个采取总统制，2个采取半总统制。另外还有50个虚有其表的、"残缺的民主"（defective democracies），其中12个采取议会制，26个采取总统制，12个采取半总统制。这种分布表明，质量比较高的民主往往出现在那些采取议会制的国家，质量比较低的"民主"往往出现在那些采取总统制的国家。

再看议会制或总统制对民主存活率的影响。有一项较早的研究分析了1945—1979年间独立的93个国家，其中41个国家采取议会制，36个国家采取总统制，3个国家采取半总统制。到1980—1989年间，在本来采取总统制和半总统制的39个国家里，民主体制全部灰飞烟灭，死亡率是100%；而在采取议会制的41个国家里，还有15个保留了民主体制（其中包括印度、以色列、博斯瓦纳），存活率是37%。其后，另一项研究分析了53个在1973—1989年间经历过民主转型的非OECD国家，如果以连续10年保持民主体制为标准，议会制的存活率是61%，总统制的存活率是15%；反之，议会制发生政变的可能性是18%，总统制发生政变的可能性是40%。2002年发表了一份更新的研究，它发现在1946—1999年间，每23个总统制民主会死亡1个，而每58个议会制民主才会死亡1个；在1950—1990年间，总统制民主的平均预期寿命是21岁，议会制民主的平均预期寿命是73岁。这三项研究也许对民主的定义不同、对政权存活率的计算方法不同，但它们依据几十个国家的长时段数据得出大致相同的结论：议会制民主的存活率比总统制高得多。

因此，无论看民主质量，还是看民主的存活率，议会制民主都优于总统制。

如何解释这种差别呢？需要说明的是，美国的总统制本身是有严重问题的，只不过总统制的问题在别国表现得更为彰显。总统制说到底是一种赢者通吃的机制，不仅通吃，而且一直要吃到任期结束，它几乎没有办法（弹劾程序的门槛太高）将那些无能的、败德的总统赶下台。例如，在中国台湾，民进党在"总统"大选中得到的选票连50%都不到，但它就是赢者通吃，陈水扁不到任期硬是不下台，几十万人上街连续抗议也岿然不动。菲律宾的阿罗约总统，民意支持度常年在10%—20%上下波动，政变谣言不绝于耳，但是她依然执政。韩国总统的民意支持度也时不时跌到20%左右，但谁也无法把他赶下台。在议会制下，就不会受任期的限制，议会可以通过不信任票把总理、首相随时赶走。另一方面，总统制下，议会的任期也是刚性的，哪怕总统是个好总统，但议会不干实事，成天无事生非、给总统找茬，总统也拿他们无可奈何。一个允许坏蛋、笨蛋占着茅坑不拉屎的体制，质量怎么可能很高呢？

由于在总统制下，总统位高权重，且是赢者通吃，总统制下的政治品质也可能不如议会制下的选举。原因有二：第一，总统是独一份的地位，使得对它的争夺战分外激烈；第二，总统制下，赢者不必与其他政党形成稳固同盟就可以独占总统大位，因此，它并没有很强的动机与其他政党合作；反过来，其他政党在政策制定和执行过程中也没有很强的动机与总统合作。在这种制度背景下，行政部门与立法部门的冲突是难以避免，也难以化解的。政治僵局频繁出现，又没制度出路，这也必然影响其体制的质量。

如果硬要实行总统制也行，但必须要搭配一定的政党制。如果政党制度不搭配，麻烦就大了。如果搭配两党制，像美国、哥斯达黎加、委内瑞拉那样，总统制有些问题，但问题不会太大。但如果总统制搭配一个四党制，总统很难维持在议会的多数支持，反对党就会在议会里与总统不断发生冲突，使政策的制定与执行困难重重。有一项实证研究分析了46个实行过民主的政体，它发现，在15个总统制与多党制搭配的政体中，只有1个民主体制存活下来，存活率为7%；在10个总统制与两党制搭配的政体中，5个民主体制存活下来，存活率为50%；而在余下的议会制里（21个），不管政党数量多少，其存活率为52%。图表3-19试图显示政党数量与总统制/

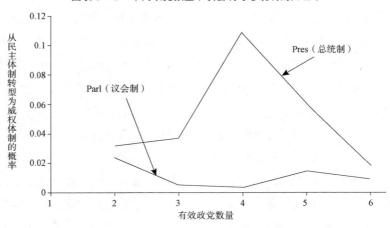

图表3-19　不同政党数量下议会制与总统制的死亡率

议会制的关系。如果与两党制或三党制搭配，总统制民主政体的死亡率已大大高于议会制民主政体。如果配上4个政党的话，总统制民主政体就十分危险了，死亡率会很高；而此时，议会制民主的死亡率会进一步下降。如果政党的数量更多一点，增加至5—6个，总统制民主政体的死亡率反倒可以降低一些，因为总统可能在小党间合纵连横，降低大反对党对自己的掣肘；但议会制民主政体的死亡率还是比总统制低。总之，不管政党的数量多少，民主政体在议会制下的存活率都比在总统制下高得多。所以，议会制比较灵活，能和各种各样的政党制度搭配。

罗易等人提议将美国的政党制度改为三党制是煞费苦心的。在不改变总统制架构的前提下，如不满意两党制，三党制几乎是唯一选择。否则，搞出个多党制，美国政体可能岌岌可危。前面，我们已经了解到，除非改变选举制度，两党制不可能变成三党制。问题是，即便我们假设美国的民主党和共和党不会出于一己之私阻碍选举制度的改革，谁也无法担保，选举制度的变动一定会产生三党制，而不是四党制、五党制。

因此，美国更彻底的政治改革应该是废除总统制，采取议会制。的确，在美国已经有人做出过这方面的提议。比如80年代卡特总统的顾问卡特勒（Lloyd N.Cutler）曾建议：延长总统、副总统、参议员和众议员的任期，从4年改为6年，且同时举行大选，同进同退；为了打破僵局，每一届总统可以解散国会一次，为余下的任期重新进行国会选举；如果总统决定这样做，在30天内，国会两院多数可以要求为余下任期重新进行总统、副总统的选举。这个建议的实质是改造总统制，使总统有权在任期未满的情况下解散国会，国会有权在任期未满的情况下将总统赶下台，以便打破立法与行政部门之间的政治僵局。这有一点带议会制的成分。

第三讲　现代民主的机制与运作

这一讲讨论了民主政体的三个重要组成部分，即选举制度、政党制度，以及立法—行政关系的制度安排。图表3-20算是一个小结，它对比了22个国家，而不是世界上所有国家，这22个国家的共同特点是其民主政体比较稳固，自1950年以来没有演变成其他政体。从这张表里，我们看得很清楚，美国的体制是比较特殊的。在选举制度上，多数国家采取比例制，美国采取多数制；在政党制度上，多数国家采取多党制，美国采取两党制；在立法—行政关系上，多数国家采取议会制，美国采取总统制。这张表来自耶鲁大学政治系荣休教授罗伯特·达尔的一本近作《美国的宪法到底有多民主？》(*How Democratic is the American Constitution*？)。这本书是基于他85岁时在耶鲁大学所作的四次讲演，现在他已93岁了。他早年不少书似乎都在赞美美国的体制，越老他的思考越清醒、越深刻。在这本2001年出版的书中，第一句话是："我的目的不是提议修改美国宪法，而是建议改变我们思考美国宪法的方式。"但明眼人都看得出，达尔不是不想修改美国宪法，而是觉得美国的利益机制使得它难以被撼动。他明白告诉读者，美国宪制与真正民主的标准还差得远。他还提到，美国人常把自己的体制当作世界的典范，但是外国人都不学，这其中自有道理，因为这个体制确实不好。美国是一个非常独特的制度，在西方民主中也居于少数。

在本讲中，我们看到大量证据显示，第一，没有一个代议制的民主是真正完全意义上的民主；第二，在选举、政党、立法—行政三种制度里面，最关键的是选举制度的设立，因为选举制度会影响政党制度，也会对行政与立法之间的关系产生影响；第三，现实中的民主体制有的好一些（如欧洲的一些模式），有的差一些（如美国模式）；最后，政治发展是路径依赖的一个过程。一旦选定了一个制度，今后发现错了再想改是非常困难的。最后这一点是什么意思？就是说我们今天有太多的人讲政治改革，好像中国只要"民主"就行，好像实现

图表 3-20　22 个民主政体的体制安排对比

| 国家 | 选举制度 | 政党制度 | 立法—行政关系 |
| --- | --- | --- | --- |
| 美国 | 多数制 | 两党制 | 总统制 |
| 奥地利 | 比例制 | 多党制 | 议会制 |
| 澳大利亚 | 比例制 | 两党制 | 议会制 |
| 比利时 | 比例制 | 多党制 | 议会制 |
| 加拿大 | 多数制 | 多党制 | 议会制 |
| 哥斯达黎加 | 比例制 | 多党制 | 议会制 |
| 丹麦 | 比例制 | 多党制 | 议会制 |
| 芬兰 | 比例制 | 多党制 | 议会制 |
| 法国 | 两轮投票 | 多党制 | 议会制 |
| 德国 | 比例制 | 多党制 | 议会制 |
| 冰岛 | 比例制 | 多党制 | 议会制 |
| 爱尔兰 | 比例制 | 多党制 | 议会制 |
| 以色列 | 比例制 | 多党制 | 议会制 |
| 意大利 | 比例制 | 多党制 | 议会制 |
| 日本 | 半比例制 | 多党制 | 议会制 |
| 卢森堡 | 比例制 | 多党制 | 议会制 |
| 荷兰 | 比例制 | 多党制 | 议会制 |
| 新西兰 | 比例制（1993 年以后） | 两党制（2000 年以前） | 议会制 |
| 挪威 | 比例制 | 多党制 | 议会制 |
| 瑞典 | 比例制 | 多党制 | 议会制 |
| 瑞士 | 比例制 | 多党制 | 议会制 |
| 英国 | 多数制 | 多党制 | 议会制 |
| 总计 | 多数制：3<br>比例制：17<br>半比例制：1<br>两轮投票制：1 | 两党制：3<br>多党制：19 | 总统制：1<br>议会制：21 |

民主是一个非常简单的事情。其实民主制度建设是一个非常复杂的事情，必须小心设计一个符合国情的民主机制，包括选举制度、政党制度、议会和行政机关的关系。否则，不小心从外面随便输入一个制度，尤其是不小心把问题很多的美国制度输入进来的话，今后再想改回去就没有可能性了。

# 第四讲 实效与反思

如何衡量现实民主的实效？总体上说，我们可以用两种标准来衡量：一是用工具性的标准来衡量，如民主是否有利于经济增长，是否有利于促进社会公平，是否有利于增进人们的幸福感，等等。二是用民主本身的尺度来衡量民主的实效，即现实的民主制度多大程度上是按照民主方式运作的？这句话听起来有点儿奇怪，民主当然是按照民主的方式运作。但是我在第一讲的时候已经讲了什么是真正的民主，当时我给了一个标准。因此，有必要考察现实民主在多大程度上是按照真正民主的原则来运作的。如果现实民主还不够民主，我们有必要对实现民主的方式进行反思，看用什么方式可以补充、改进、完善甚至替代现实民主。这一讲主要以西方现实民主为研究对象。因为国家太多，我只能着重讲一个国家，就是被一些人奉为圭臬的美国。

## 一 民主的实效：以工具性目标来衡量

耶鲁大学教授约翰·罗默（John E. Roemer）在2002年的一篇文章里说，1960年以前，社会主义似乎是世界潮流，三分之一的全球人口生活在自称"社会主义"的国家里；1960年以后，民主似乎取代了社会主义，成为世界潮流。当年社会主义者宣称，所有的好东西都是与社会主义联系在一起的；今天，民主主义者则宣称，所有的好东西都是与民主联系在一起的,如民主有利于促进经济增长、社会公正、人类幸福,民主甚至会减少战争。但在罗默看来,民主主义者的这种盲目乐观与当年社会主义者的盲目乐观一样是错误的。

**民主与经济增长**

关于民主与经济增长的关系,逻辑上可以有三种可能性:促进、阻碍、不相关。这三种可能性都有其理论依据。

认为民主有利于促进经济增长的理论曾在20世纪50年代末、20世纪60年代初盛行于西方,其后衰落,20世纪80年代以后又开始复兴,美国政府与世界银行是其主要倡导者。这种理论的基础是古典自由主义,它认为,只有在多元竞争的条件下,人们的创造性才能得到最充分的发挥;对公民基本权利(包括财产权)的保护使他们有强烈的工作、储蓄、投资意愿;民主政体具有高度的认受性,可以降低政治动乱的风险,允许政府贯彻一些必要但痛苦的政策;自由的、竞争性的选举可以限制政府掠夺性的行为;民主的政体具有资源配置(资本、人才等)方面的优势;这一切都有利于从供给方面促进经济增长。另外,也有人认为,民主政体下的再分配趋向有利于扩大市场容量,从需求方面促进经济增长。

认为民主会阻碍经济增长的理论出现在20世纪60至70年代,那时战后资本主义发展的黄金期刚刚过去,发达国家与发展中国家都面临严重的经济问题。关于发达国家,学者开始谈论"利益集团自由主义"(Interest group liberalism)的威胁、"民主的危机",以及"赤字中的民主"。关于第三世界国家,学者开始谈论"参与爆炸"带来的威胁,以及民主机制下解决经济危机如何困难。那么如何从理论上解释民主对经济发展的阻碍作用呢?变量大概有五个。第一,民主会威胁私有产权。前面已讲过,在20世纪以前,有产者阶级普遍担心普选与组建工会的自由可能危及私有产权。第二,民主会引发即时消费的压力，从而降低投资率。第三，民主会让政治精英取悦穷人，进行大规模收入与财富的再分配；再分配后，穷人会花掉手中的钱，富人则没有多少钱可供储蓄与投资了。第四，民主给民众太多的参与自由，可能导致政治动荡。第五，民主政体难以强迫民众接受那些有必要，但不受欢迎的宏观经济政策。

上面两种理论的论点往往是互相矛盾的，如民主政体到底会威胁私有产权，还是会保护私有产权？它到底会增加投资率，还是会降低投资率？它到底有利于政治稳定，还是危及政治稳定？由此便形成了第三种理论：民主政体与经济增长之间没有必然的关系，因为在不同环境下，民主政体作用于那些有利于或有害于经济增长的变量的方式不同。

上面三种理论本身都能自圆其说，问题是实证研究到底支持哪一种理论？1991年两位学者回顾了在1967—1988年间发表的13项跨国实证比较研究，其中3项发现民主对经济增长有害无利；4项发现在一定条件下民主有利于经济增长；另外6项发现两者之间没有什么关系。例如，一项发表于1979年的研究分析了98个国家在1955—1970年间的表现，其作者的结论是："民主的确对经济发展有重大影响，但不是促进发展，而是延迟发展。在穷国，威权政体会提高增长率，民主政体则是种奢侈品，因为它会阻碍增长。"1993年，另外两位学者回顾了1967—1992年间发表的21项跨国实证比较研究，其中8项发现民主有利增长，8项发现民主阻碍增长，余下5项发现两者不相关。有意思的是，在1988年前发表的11项研究中，8项发现民主阻碍增长，但在1987年后发表的9项研究中，没有一项支持这个结论。这不由得使人好奇，实证研究为什么也会染上意识形态的色彩？我们知道，在西方学术刊物发表文章要经过匿名评审。这样一来，在20世纪80年代末90年代初，当世界民主达到高潮时，很少人会怀疑民主的正面作用；如果有人用实证数据证明民主对经济增长的作用是负面，这类文章在评审的时候就会被刷下去，很难有机会刊登出来。

20世纪90年代中期以后,当第三波民主开始退潮时,不同的研究成果又开始重新冒头。最近几年发表出来的跨国实证研究,有些发现民主与增长是负面关系,有些发现是正面关系,还有些发现不同的民主模式与增长的关系不太一样。例如,1995年发表的一项研究比较了不同政体在1950—1990年间的经济表现,它发现,议会民主制下的经济增长率与威权政体下的经济增长率差不多,但总统民主制的经济增长率就低得多。著名经济学家巴罗(Robert Barro)则用数据证明,民主政体只有在政治自由度较低的环境下才会促进经济增长;如果政治自由度已经较高,政体变得更民主反倒会使增长放慢。

更多的研究认为两者没有简单的线性相关关系。例如,一项1994年发表的研究分析了125个国家在1960—1985年的经济表现,它发现,有其他很多条件会影响民主与增长的关系,因此,简单地引入民主政体不会自然而然地加快以后的经济增长。更近的一项研究(2006年)分析了81项已有研究中的470个回归估算,其中16%的估算是负面的(即民主不利于经济增长),且统计上显著;20%的估算是负面的,且统计上不显著;38%的估算是正面的(即民主有利于经济增长),且统计上不显著;26%的估算是正面的,且统计上是显著的。也就是说,四分之三的估算没有发现既正面且统计上显著的结果。作者们接着对数据重新进行了分析,其结论是,民主政体对经济增长没有直接影响。

几十年来,有关民主与经济增长的研究可以说一直是学术界的一个热点,出版物汗牛充栋,研讨会纷至沓来,在这个方面花费的研究经费总计恐怕是数以亿计(美元)。西方政府和民间之所以愿意出巨资赞助这方面的研究,大概是为了证明民主有利于经济增长,但如果我们把各种各样的实证研究结果放在一起看,结论大概是:这两者之间的关系非常复杂,民主不一定能够促进经济增长,也不一定阻碍经济增长,还得具体环境具体分析。

**民主与社会公正**

如果民主不一定能促进经济增长,那么它是否能缩小不平等、促进社会公正呢?关于民主与不平等的关系,逻辑上也可以有三种可能性:降低、扩大、不相关。这三种可能性也都有其理论。

认为民主会降低不平等水平的理论相信民主可以通过两重机制导致不平等水平下降。第一是选举机制:民主意味着所有成年人都平等享有选举权;选民中富人是少数,中低收入的人占多数;这样民主就会引起政治权力从富人手中转移到中低收入阶层手中;更平等的政治权力分布或迟或早会消除贫困、降低社会经济资源分配中的不公平。第二是民主政体的压力—回应机制:在民主政体下,占人口大多数的中低收入阶级会组建工会和其他利益集团向政府施压,也会通过左翼政党将自己的代表选入议会,参与甚至掌控各种决策机构;在持续的压力下,社会经济不平等水平也应会下降。

很显然,以上理论天真地把对民主政体的期待当作了民主政体下必然的现实。那些分析过现实民主政体的学者当然不会如此盲目乐观。不少人因此做出了决然相反的理论判断:在现实民主政体中,经济社会资源分配的不平等必然造成政治影响的不平等;经济上的特权阶级在政治上必然更加活跃;中低收入阶级未必能通过所谓"民主"程序争取自己的利益;结果,政治上的不平等反过来会加剧经济社会方面的不平等。

马克思主义者认为,政治体制本身对收入和财富不平等的影响微乎其微;重要的是生产资料所有制,是阶级结构,尤其是资产阶级掌握的经济实权。不了解阶级结构和阶级斗争,就无法了解不平等产生与变化的秘密。

这三种理论也都可以自圆其说,还得看实证研究支持哪一种理论。两位学者在1990年回顾了在1967—1988年间发表的12项跨国实证分析，其中 7 项研究发现民主会增加不平等；5 项研究发现两者之间没有显著的相关关系，既没有正相关关系，也没有负相关关系；没有任何一项研究证明民主可以降低不平等水平。2001 年，世界银行的一个研究小组使用 126 个国家在 1960—1998 年间的数据，试图再次检验民主是否会降低不平等。结果，与以前的研究一样，这项庞大的研究还是得出一个令不少人失望的结论：民主对不平等的影响要么是负面的，要么是非常微弱的。

如果民主政体有利于降低不平等，那么，在转型国家，我们期待看到，转型后会比转型前更公平。图表 4-1 显示的是东欧和前苏联加盟共和国在民主转型前后的基尼系数。深色表示的是 20 世纪 80 年代

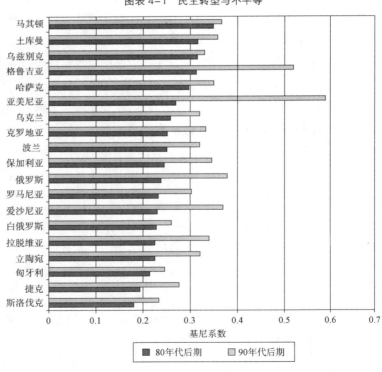

图表 4-1 民主转型与不平等

末的情况，即转型前的情况；浅色表示的是90年代末的情况，即转型后的情况。可以看到，到20世纪90年代末，所有国家的不平等状况不是都改善了，而是都恶化了；在有些国家，是严重恶化了，如亚美尼亚、格鲁吉亚、俄罗斯、爱沙尼亚、拉脱维亚、立陶宛等。这是新兴民主转型国家的基本情况。

如果民主有利于缩小不平等，在那些民主政体已经存在了几十年甚至上百年的西方国家，我们应该看到不平等水平在所有地方都不断

图表4-2 老牌民主国家的不平等状况的变化

| 国家 | 60年代 | 70年代 | 80年代 | 90年代 | 21世纪 | 趋势 |
|---|---|---|---|---|---|---|
| 澳大利亚 | 32 | 37.4 | 37.3 | 41.7 | 44.6 | 大幅上升 |
| 奥地利 |  | 25.3 | 25.5 | 26.1 | 26 | 小幅上升 |
| 比利时 |  | 28.3 | 26.3 | 27.1 | 26 | 下降 |
| 加拿大 | 31.5 | 31.6 | 31.5 | 28.9 | 32.4 | 小幅上升 |
| 丹麦 |  | 31 | 32 | 33 | 24.7 | 下降 |
| 芬兰 |  | 28.7 | 25.5 | 26.1 | 25 | 下降 |
| 法国 |  | 36.2 | 37.2 | 36 | 32.7 | 下降 |
| 德国 | 30.9 | 31.3 | 30.6 | 28.2 | 31.1 | 波动 |
| 意大利 |  | 37.4 | 33.4 | 33.3 | 36.4 | 波动 |
| 日本 | 35.2 | 34.1 | 35.2 | 35 | 35.4 | 波动 |
| 荷兰 |  | 28.4 | 28.6 | 29.4 | 27 | 波动 |
| 新西兰 |  | 30.7 | 35.3 | 40.2 | 33.9 | 小幅上升 |
| 挪威 | 36 | 37.4 | 31.6 | 33.3 | 37 | 波动 |
| 西班牙 |  | 37.1 | 25.7 | 32.5 | 34.6 | 波动 |
| 瑞典 | 33.4 | 31.6 | 31.6 | 32.1 | 25.22 | 下降 |
| 英国 | 25 | 24.3 | 27.3 | 32.5 | 33.9 | 大幅上升 |
| 美国 | 35.7 | 35.8 | 38.5 | 41.4 | 46.41 | 大幅上升 |

下降的局面。图表4-2比较了17个老牌民主国家的不平等变化情况，可以看到，有5个国家的不平等程度有所下降（比利时、丹麦、芬兰、法国、瑞典）；有6个国家的不平等程度上下波动（德国、意大利、日本、荷兰、挪威、西班牙）；另外6个国家的不平等程度要么小幅上升（奥地利、加拿大、新西兰），要么大幅上升（澳大利亚、英国、美国）。既然，不平等程度并不是在所有国家都呈下降趋势，民主政体本身也许并不会带来更高水平的社会公正。值得注意的是，不平等状况恶化的6个国家多为英语国家，往往采取多数代表制（新西兰1993年后才放弃）而不是比例代表制，采取两党制而不是多党制。也许不同形式的民主，对不平等的影响是不一样的。

**民主与幸福**

民主制度研究是过去几十年的显学。各国学者对民主制度的优势进行过方方面面的探讨，包括民主与经济增长的关系，民主与稳定的关系，民主与自由的关系，民主与平等的关系。但在很长时期里，似乎没有人研究过民主与幸福的关系。其实，两千多年前，希腊哲人就很重视"幸福"这个概念。例如，亚里士多德认为，幸福是每个人都希望得到的东西。进入中世纪后，幸福这个概念几乎消失了。因为那时人们追求的是来世上天堂，而不是尘世浑浑噩噩的生活，不管它有多幸福。文艺复兴重新激发了人们追求幸福的兴趣。美国的国父们在《独立宣言》中曾庄严宣布："人生而平等，享有造物主赋予的一些不可剥夺的权利，包括生存、自由和追求幸福的权利。"如果追求幸福如此重要，当然有必要探讨民主与幸福的关系。

20世纪60、70年代，心理学开始了对幸福的实证研究。再往后，社会学中发展出生活品质研究（quality of life research）这个分支，幸福成为其中一个重要指标。心理学家和社会学家通常用来检测人们主观感受的问题是："就自己的整体状况而言，您是感到非常幸福（满意）、有点幸福（满意），还是感到不太幸福（满意）？"从20世纪70年代起，一些国家已经积累了30多年的幸福感受数据。直到近几年来，才有人开始注意到民主与幸福的关系。一般人会期待，一个国家的民主水平越高，其民众的幸福感越强。1998年和2000年分别发表了两篇研究报告，它们都发现民主指标与幸福指标之间存在正面的、显著的相关关系。问题是，如果把各国的收入水平同时加以考虑的话，这种相关关系在统计意义上就变得不显著了。2000年，伊格哈特及其合作者在一篇论文里展现了下面这幅图（图表4-3）。该图的横轴度量各国人口中感到"幸福"那些人的比重，纵轴度量各国的民主程度。乍一看，这张图证明民主与幸福高度相关。但伊格哈特及其合作者很清醒，他们指出在历史和现实中有大量的例子证明，民主政体未必能让其人民感到幸福。"民主是个好东西，它有可能有助于人类

图表 4-3 民主与幸福感

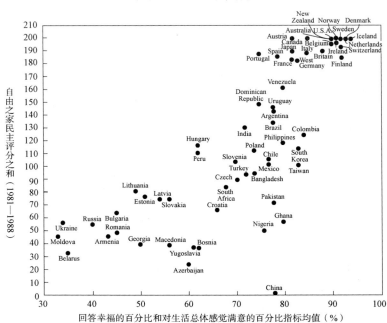

第四讲　实效与反思　　177

幸福，但它对人类幸福的贡献恐怕没有其他因素那么重要。"

在2000—2003年间，苏黎世大学两位教授发表了一系列文章，试图证明民主对人们的幸福感并不是无关紧要的。这些研究不是跨国比较研究，而是基于对瑞士26个州6000位居民1992年进行的调查数据。我们知道，瑞士实行联邦制，公民参与政治的制度环境在各州之间不尽相同。这两位教授的统计分析显示，公民政治参与水平越高，他们越感到幸福；而且，这个结果在统计意义上十分显著。不过，另外两位瑞士学者运用2000—2002年的数据重新分析了26个州居民的情况，他们发现，前两位教授的结论在瑞士并不能成立。有意思的是，这两位学者在同一项研究中利用了1998年对28个国家中26500位居民的调查数据，跨国比较却显示民主水平越高的地方，居民越感到幸福。他们的解释是，民主水平越高，政策越贴近选民的偏好，因而选民越觉得幸福。为什么这种规律性的现象在瑞士看不出，跨国才看得出呢？可惜作者不能提供有说服力的解释。

上面提到的所有研究都是共时性研究，即它们比较的都是某一个固定时点上各国（或一国内各地区）之间的差异。这种研究的缺陷是静态地看问题，而不是动态地看问题。动态地看，如果民主对幸福有正面作用的话，当一个国家从不民主变为民主时，或当一个民主体制稳固下来时，我们期待看到它们的人民会感到越来越幸福。但实证研究对这个假设没有提供支持。一项对南非的研究发现，当这个非洲大国1994年第一次经历民主选举时，黑人的幸福感、满足感都骤然激升至前所未有的高水平，几乎与白人的幸福感、满足感不相上下。但很快，黑人的幸福感、满足感跌落到民主转型前的水平，并持续在低水平徘徊。伊格哈特2006年的一项研究对43个国家从1981年至2005年的数据进行了分析。他首先详细分析了俄罗斯、匈牙利、罗马尼亚、斯洛文尼亚、墨西哥、阿根廷、南非、韩国的情况。幸福感在有些国家随着民主水平的提高而上升，在有些国家几乎毫无变化，在另一些国家出现下滑。图表4-4来自伊格哈特的这篇近作,它显示在1980—2005年间43国幸福感水平与民主程度的相关关系。在1981年左右,两者高度相关,相关系数达0.8(相关系数在0.0至1.0之间,越高表明相关的强度越强);到20世纪90年代所谓"民主第三波"开始时,相关系数跌至0.6。但到1995年前后,当很多国家变得越来越"民主"时,其民众的幸福感水平却没有什么变化,导致两者之间的相关系数下降至0.2—0.3之间。虽然在2000—2005年间,民主与幸福的相关系数有所回升,但还是在低位徘徊。我们对这张图表可以做两个解读:第一,民主化并不一定会带来幸福;第二,民主化之初,人们可能因"解脱"而感到幸福,但很快他们会认识到,民主化也就是那么回事,幸福感因而迅速滑落。

至于在老牌民主国家,民主与幸福是什么关系?对这个问题的回答,最好看耶鲁大学出版社2000年出版的一本书《市场民主制度下幸福的流失》(*The Loss of Happiness in Market Democracies*)。该书的作者罗伯特·莱恩(Robert Lane)是耶鲁大学荣休教授,曾经做过

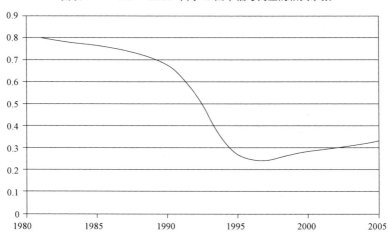

图表4-4　1981—2005年间43国幸福与民主的相关系数

美国政治学会主席,是著名政治心理学家。这本书很长,达465页,光注释就有102页;出版次年,"美国政治学会"将该书评为政治心理类最佳学术著作。莱恩整本书立论的基础是一个简单的观察:在1972—1994年期间,说自己"非常幸福"的美国人一直呈下降趋势;尤其是妇女、青年、黑人和其他一些少数民族感到不幸福的人更多一些(一项更新的研究显示,在1960—2000年期间,按不变价格,美国人均收入翻了三番,但认为自己"非常幸福"的人从40%下降到30%左右)。英国的情况也是一样,1957年,52%的英国人说自己"非常幸福",这个比重到2006年降至36%。在欧洲国家,幸福指标没有明显的下降,但在过去半个世纪也没有明显的上升,而且患抑郁症的人在急剧增加。如果考察人们对生活各个方面的感受,情况也差不多:说自己婚姻生活"非常幸福",对工作"非常满意",对个人或家庭财务状况"相当满意",对居住地"很满意"的人都在减少。

  如何解释这个现象呢?莱恩分析了种种变量与幸福的关系,包括收入水平、经济增长、市场经济、民主政治。他证明,虽然市场经济可以带来不少好处,如减少贫困、改善健康、延长寿命、扩展教育、促进自由,但它却不可能带来幸福。那么,民主政府是否能给人带来幸福呢?莱恩对此似乎不太确定。因此,他给书的第五部分的标题加了一个大大的问号:"民主是不幸福的根源之一吗?"他的判断是,幸福不幸福取决于微观世界的经验,而不是在宏观政治领域的经验。一些实证研究似乎也支持他的这个判断,因为一个国家是否民主与该国民众是否感到幸福满意没有什么相关关系。通过三个层面的分析,莱恩得出结论,民主制度并不一定会带来幸福。**就民主的过程而言**,它充满了痛苦。例如:(1)所有麻烦的社会问题都是民主政治必须处理的问题;(2)当政府决定做一件事时,总是只与冲突各方的一方站在一边,因此得罪其他各方;(3)民主政府要做好事就要征税,但没有人喜欢交税;(4)行使各项公民权(包括最宝贵的投票权）都可能要克服一些困难、付出一些成本（如时间和精力）。**就民主决策的性质而言**，它所能满足的是"要求"（demands）而不是"需求"（needs）。哪一个利益团体的声音大、影响政府决策的能力强，政府就可能满足它们的要求。而尽管有实实在在的需求，弱势群体恐怕也得不到政府的注意，因为在西方民主政体下，政客最在乎的是能得到多少张选票。需求得不到满足的人大概不会感到幸福。**就民主的结果而言**，相当多的公民并不满意。这表现在，在西方社会中生活的人对他们天天与之打交道的民主制度似乎越来越没有信心：认为自己对政府的所作所为毫无影响的人越来越多，认为政府受到特殊利益集团操纵的人越来越多，认为政府对老百姓的事非常关心的人越来越少，相信政府的人越来越少。这一切使不少人对民主政治产生了无力感（powerless）、无助感（helpless）、疏离感（alienation）。这些都增加了人们的烦恼，而没有提高他们的生活品质。

## 二　民主的实效：以民主原则来衡量

人们一般期待民主可以促进经济增长、社会公正、人类幸福，但实证研究的结果会让他们很失望。为什么现实民主不能产生人们期待的结果呢？一个可能的回答是，现实民主政体未必是真的民主。这一小节不是用工具性的目标衡量现实民主，而是转用民主的原则来衡量现实的民主制度。

从民主的原始含义来理解，民主意味着人民的统治，这就是衡量现实民主最基本的标准。在代议制的条件下，只有当所有人的政治参与大致平等时，他们才能平等地被代表；只有当他们平等地被代表时，他们才能有平等的机会影响政府决策。换句话说，平等的参与是平等的代表的前提，平等的代表是平等的影响的前提，平等的影响是政府对所有社会群体做出平等回应的前提。这样，平等的参与

（equal participation）、平等的代表（equal representation）和平等的影响（equal influence）是衡量一个政体是否真正民主的标准。

反之，如果有些社会群体基本上不参与政治，另一些社会群体积极参与政治；有些社会群体的利益和偏好很难在政治过程中得到代表，另一些社会群体的利益和偏好在政治过程中得到充分，甚至过度的代表；政府对某些社会群体的需求和要求做出积极回应，对另一些社会群体的需求和要求却不做出回应；把这样的政体称之为"民主"，实在是对"民主"二字的玷污。平等参与的重要性主要体现在两个方面：第一，如果有一些群体不参与，这些人在政治过程中就失声了，他们的政策偏好、利益、意见得不到表达。第二，如果一个群体不参与，就意味着这个群体对政府没有压力，至少其压力没有其他社会群体那么大。前者涉及政策过程中"输入"的内容，后者涉及对政策决策者的压力。"输入"的内容和压力都是平等的，这个制度才可能是真正民主的；否则，就不能被叫作民主。

**不平等的参与：选举**

政治参与的渠道有很多，比如说犯罪、罢工、骚乱、革命，在广义上可能都可以算作表达意见的方式。但是在现实的民主制度里面，最重要的参与渠道是两个：一个是选举，一个是群体性的政治。选举就是决定谁作为代议者，或者人民的代表；群体政治就是说谁影响人民的代表，或者被选出来的那些人。

早期，参与的不平等是显性的，甚至表现在法律里面。比如早期对财产权的要求，以及要进行文化测验，实际上已经是一种不平等的参与障碍。还有其他的障碍，比如说，普鲁士在1849年到1918年期间，把人分成三个阶级，第一个阶级只占人口的4%，但他们要占议会里面的三分之一的席位，第二个阶级占人口的16%，也占议会三分之一的席位，第三个阶级有80%的人口，也占三分之一的席位，这显然是一个不公平的参与,也是不公平的代表。有些自由主义的理论家(比如穆勒)曾提出应该给受教育比较多的人两票或者更多票。比利时从 1893 到 1919 年就实践过这种思路,给受教育的人更多的票。今天,这种显性的政治参与不平等比较少见了,因为它违反了"一人一票"的基本原则。各国法律现在都规定,不得以性别、种族、肤色、文化水平等原因限制人们行使政治参与权,尤其是投票权。

但是,参与权的平等未必能实现参与的真正平等。在政治权利平等的情况下,还是会出现不平等的参与,然后导致不平等的代表,最后导致不平等的政治影响。我们先来看看选举。在选举中,除非投票率达到百分之百,否则投票参与便是不平等的。当然百分之百的投票率是不可能实现的,那么在其他条件相同的情况下,投票率越高,则选举越公平。图表 4-5 显示世界 214 个国家和地区平均投票率在 1945—2006 年间的变化情况,既包括议会选举,也包括总统选举。可以看到,各国的平均投票率是逐渐下降,而不是上升的。20 世纪 80 年代以前,平均投票率一般在 75%—80% 的区间摆动。从进入 20 世

图表 4-5　世界各国平均投票率变化的总趋势(1945—2006)

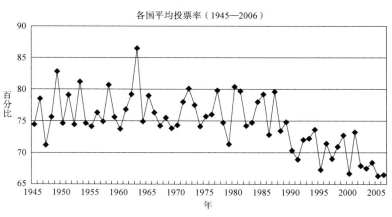

数据来源:IDEA 数据库(2007)

纪 90 年代后，平均投票率已降至 69.7%；到 21 世纪更跌至 69% 以下。值得注意的是，不仅平均投票率下降了，标准差也缩小了，从以前的 3% 以上下降到现在的 2.5%。标准差缩小说明，各国的投票率逐渐趋同，高低之间的差别不像以前那么大。

也许有人会猜想，世界平均投票率下降是因为新兴民主国家的投票率太低，拖累全球的平均投票率下降。其实，事情并非如此。从图表 4-6 我们可以看到 10 个发达国家的情况。在这几个国家（以及其他 OECD 国家），战后有一段时间，投票率是上升的。但在过去 20 年左右，投票率开始下降。各国之间投票率的差别也很大，高的在 80% 以上，如西班牙、丹麦、意大利、韩国、比利时、冰岛等，低的则在 60% 以下，如瑞士、加拿大、美国、卢森堡、英国等。

美国的投票率之低在发达国家是非常有名的，很多人都在研究这个例子。其实，图表 4-7 带有误导性，它也许夸大了美国的投票率，因为这里其他国家多指议会选举的投票率，而美国是指总统选举的投票率。我们知道总统制的美国有两类全国性选举：一类是总统选举，一类是国会选举。[1] 图表 4-7 是 1824—2006 年间美国全国性选举的选民投票率。总统选举早期的投票率很低，但美国内战前后迅速上升。在 19 世纪后半叶，投票率一直在 75% 上下波动。进入 20 世纪，投票率开始急剧下降，跌到 55% 左右。罗斯福新政抬高了投票率，战后资本主义黄金期再次抬高投票率，但从 20 世纪 60 年代中期起，总统选举投票率经历了第二次长期下滑，到 20 世纪 80、90 年代就降到了 50% 左右。

国会选举的投票率有两个明显的规律：第一，投票率永远低于总统选举的投票率；第二，如果不伴随总统大选，投票率就比较低

---

[1] 除此之外，还有地方选举，包括州与州以下的选举。地方选举的投票率更低，往往是 25% 左右，也就是说，有 75% 的合法选民没有参加地方选举的投票。

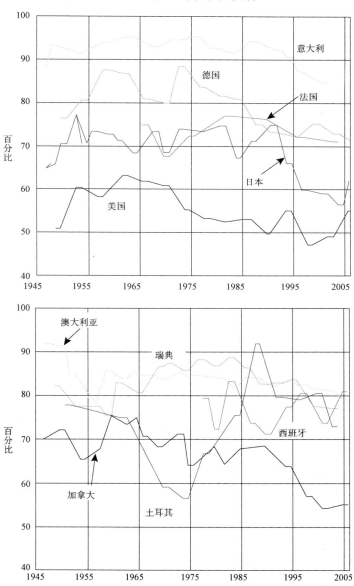

图表 4-6 部分国家投票率的下降

第四讲 实效与反思 185

图表 4-7 美国选举的选民投票率（1824—2006）

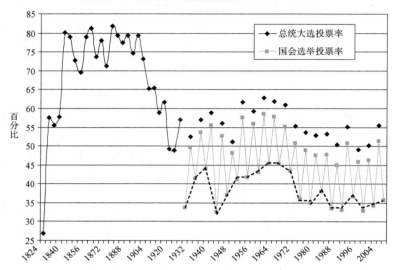

（35% 左右），如果伴随总统大选，投票率就比较高（50% 左右）；高低之间的差距可以高达 20%，一般在 15% 左右。如果只看"中期选举年"（即非总统大选年）的情况（图表 4-7 的虚线部分），很清楚，从 20 世纪 60 年代中期开始，国会投票率大幅下滑，一般维持在 35% 左右。

　　图表 4-7 告诉我们，在美国国会选举中，往往只有三分之一的合法选民在中期选举时投票；即使在看似热闹非凡的总统大选中，也只有一半合格的选民参加投票。这也就是说，美国国会议员往往是由各选区内 15% 左右的合法选民选出来的（15% 的民主？）；而在世界范围呼风唤雨的美国总统是由美国 25% 左右的合法选民选出来的（四分之一的民主？）。在美国这种所谓"民主"体制里，投票是大多数公民参与政治的主要形式，除此之外，公民参与政治的可能性更小。人们不禁要问，当大多数人大多数时间游离在选举的种种游戏以外时，他们如何能做国家的主？

为什么美国的投票率如此之低呢？通过与别的国家比较，可以确定三个不能忽视的原因。第一，选举制度是多数代表制还是比例代表制。在前一种选举制度下，赢者通吃，那些没有把选票投给唯一赢者的选民实际上浪费了自己的选票；而在后一种选举制度下，只要把票投给跨越最低门槛的政党，选票就不会被浪费。与美国不一样，在15个老欧盟成员国中，12个国家采取比例代表制，它们的投票率比较高。第二，是否实行强制投票。强制投票并不是什么新概念，在雅典民主下，积极参与决策过程就是公民的义务。进入现代，早在1862年列支敦士登就开始采取这种制度，投票不仅仅是公民的权利，也是公民的义务。其后比利时（1893）、阿根廷（1914）、卢森堡（1919）、澳大利亚（1924）也采取了这种制度。现在世界上还有32个国家采取强制投票，其中包括10个OECD国家。而美国信奉自由主义，投票只是权利，不是义务，爱投就投，不爱投就不投。比较研究表明，其他条件相同，实施强制投票比不实施大约能增加10%—15%的投票率。第三，投票日是不是周末或假日。在15个老欧盟国家中，9国规定投票日是法定假日。而在美国，总统大选和国会选举日是11月的一个星期二；虽然有些州将这一天定为法定假日，但它不是全国性法定假日。

也许有人会说，不投票是个人自由，投票率低有什么好担心的？当然，如果不投票的人是随机分布的，大致均衡地散落在各个社会群体中，投票率低一点的确不值得大惊小怪，因为各社会群体的关切还是可以由参加投票的人大致均衡地代表。问题是投票和不投票的人并不是随机分布的，其分布在所有国家大致上都差不多。总的来讲，一个人的社会、经济、文化地位越高，他参与投票的可能性就越高；反之，一个人的社会、经济、文化地位越低，其参与投票的可能性就会越低。

以美国的国会中期选举和总统大选为例，先看不同种族之间投票率的差别。我们把选民划分为白人、黑人、亚裔和拉美裔，如图表4-8所示，白人的投票率最高，早期比黑人高很多，现在依然比

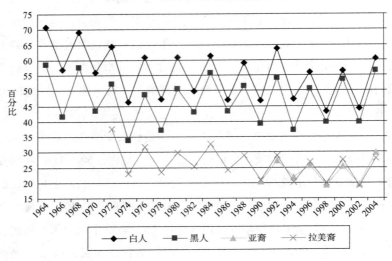

图表4-8 美国不同种族选民的投票率

黑人高4个百分点；黑人又比亚裔和拉美裔的投票高一倍。亚裔在美国非常不积极，中期选举的投票率低于20%，与拉美裔不相上下。

根据受教育程度，我们把美国选民划分为5个群体：受9年以下教育、上高中但是没毕业、高中毕业、两年制大学副学士学位获得者，以及学士和学士以上学位的获得者。如图表4-9所示，分布规律非常清晰：受教育程度越高，投票率就越高；受教育程度越低，投票率就越低。高中没毕业的人，中期选举的时候投票率只有20%上下，而大学以上文化程度的选民投票率在60%上下，足足高出40%。

从雇用状况看，有工作的人投票率很高，没有工作的人投票率很低，两者之间的差别很大，后者要比前者低大约15个百分点（见图表4-10）。

在美国，很少有人愿意对投票率进行阶级分析。我们只得利用职业分类的数据来替代阶级。如果把选民分为专业人士、白领、蓝领、非熟练工、农民和家庭主妇，我们发现（见图表4-11），专业

图表 4-9 美国不同受教育程度选民的投票率

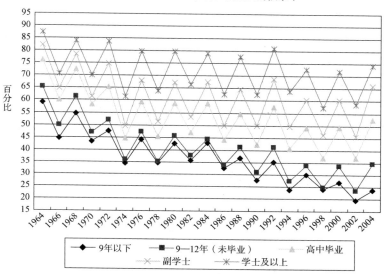

图表 4-10 美国不同雇用状况选民的投票率

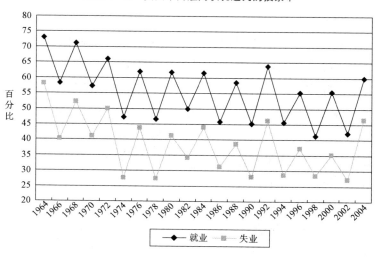

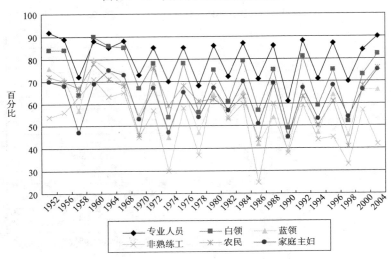

图表 4-11 美国不同职业选民的投票率

人士的投票率非常高,总统大选年可达到 90%,国会中期选举也能达到 70%;白领阶层的投票率略低一些。社会地位较低的人投票率也会比较低,农民与非熟练工的投票率最低,比专业人士一般低 30%—40%。

阶级之间的差别也反映到不同收入组人群之间的投票率差异上:收入越高的人群,投票率就越高。如果按照收入水平来划分,我们把人群的总收入分成 100 份:0 到 16 就意味着人口中收入最低的那 16% 的人,他们的投票率是最低的;最高的 5% 收入组,是美国社会的最上层,他们投票率最高,总统大选时,高达 90% 以上,中期选举也可高达 80%。最高与最低收入组在投票率上的差距往往是 40%(见图表 4-12)。

最后是投票率在年龄方面的差异。如果按照年龄把人分成 4 组的话,可以看到不同年龄组投票率非常有意思:越老的人,投票的积极性越高。65 岁以上的老人投票最积极,投票率接近 70%;次高的是

45—64岁年龄组，投票率紧跟65岁以上的老人。而18到24岁的年轻人对投票最冷淡，他们在总统大选年的投票率比老人们中期选举时投票率还低一半，在中期选举的时候，比如说1999年、2003年，这个年轻群体投票率只有15%左右（见图表4-13）。

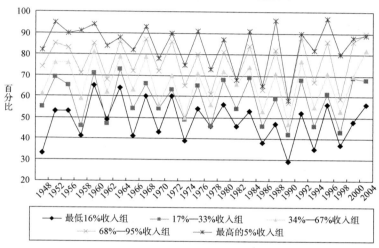

图表4-12 美国不同收入水平选民的投票率

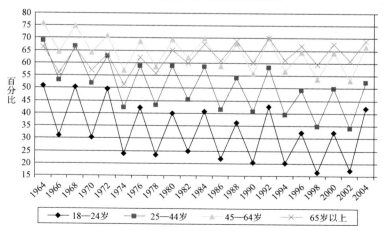

图表4-13 美国不同年龄民众的投票率

第四讲 实效与反思

在 1978 年以前，男性的投票率一直比女性高 5%—15%，但是这种差距从 20 世纪 80 年代开始缩小，有些年份女性的投票率甚至高于男性，如 2004 年，女性投票率要比男性高出 3 个百分点。总而言之，不管是从种族、教育、受雇情况、职业、收入水平、年龄来看，不同类别的美国民众在投票率上都有很大的差别。

美国是这种情况，其他国家也大致如此，只不过不同社会群体之间在投票率上的差距大小不一。图表 4-14 显示了 2002 年欧洲各国民众参与欧洲议会选举的意愿。从图中可以看到，人们的社会经济地位会对投票意愿产生重大影响。投票意愿最高的是位居高级管理层的那些人，他们的投票意愿比平均水平高出 18%，而投票意愿最低的是体力劳动者，他们的投票意愿比平均水平低 24%。受教育水平和收入水平的影响也同样明显。

这里要特别强调一下收入差距与投票率差距的关系。一位美国政治学者在 2008 年新发表的论文中，根据不同收入组人群的投票率

图表 4-14　2002 年欧洲民众的议会选举投票意愿

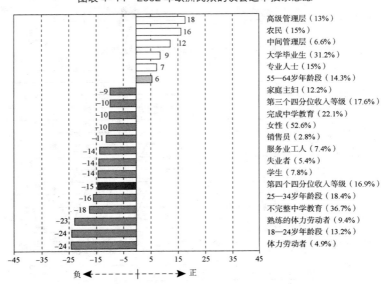

计算出美国和14个OECD国家"投票率基尼系数"(Turnout Gini)，其中美国独占鳌头，瑞士紧随其后（见图表4-15）。[1]他进一步证明，一个国家政府的再分配力度越大，该国的投票率就越高，投票率基尼系数就越小。反之，一个国家的投票率基尼系数越高，该国的总体投票率就越低。美国和瑞士正好是这样的例子。换句话说，一个国家如果经济上不平等的话，会导致政治上不平等。经济上，美国在发达资本主义国家中是最不平等的国家，它在政治上也是最不平等的国家，其法律上规定的政治权利并没有让全体人民公平地享有。

有人可能会认为，美国人之所以投票率低，各国投票率之所以下降，是因为大多数人（尤其是那些不投票的人）信任本国的政治制度，觉得没必要关心谁上台、谁下台。这种说法几十年前也曾被西方某些人用来为投票率低或投票率下降辩护，但近几十年来，有关对政治体制的信任已积累了大量数据，这种说法被证明毫无根据。图表4-16显示的是欧美16个国家说自己不信任本国政府的民众占调查人口的比重。我们看到，即使在情况最好的小国卢森堡（人口44万，比中国澳门还小），也有26%的人不信任本国政府，而在意大利、美国、英国、比利时，不信任本国政府的民众高达人口的近六成。

投票率为什么重要？它跟民主到底有什么关系？对这个问题可以从两方面思考。第一，投票的人和不投票的人关切的问题可能是不一样的。大量调查表明，穷人、社会地位比较低的人更关心的是跟人的基本需求相关的一些议题，比如贫困、工作机会、住房、健

---

[1] 基尼系数是意大利经济学家基尼于1922年提出的定量测定收入分配差异程度的指标。该系数最小是0，表示收入分配绝对平均；最大是1，表示收入分配绝对不平均；介于0和1之间时，该系数越大表示越不公平。基尼系数的计算方式也适用于测度其他方面的不平等，如投票率的不平等。

图表 4-15　各国投票率基尼系数

| 国家，年份 | 最低收入组 | 次低收入组 | 中间收入组 | 次高收入组 | 最高收入组 | 平均 | 投票率基尼系数 |
|---|---|---|---|---|---|---|---|
| 澳大利亚，1996 | 98.9 | 98.6 | 98.4 | 99.3 | 99.4 | 98.9 | 0.002 |
| 丹麦，1998 | 89.2 | 94.5 | 94.9 | 94.7 | 95 | 93.7 | 0.01 |
| 新西兰，1996 | 85.8 | 90.3 | 84.6 | 83.3 | 88.6 | 86.1 | 0.017 |
| 荷兰，1998 | 88.4 | 86.6 | 88.3 | 94.9 | 94.3 | 90.5 | 0.02 |
| 西班牙，2000 | 87.3 | 79 | 84.4 | 82.1 | 78.7 | 82.2 | 0.022 |
| 德国，1998 | 81.9 | 84.4 | 85.9 | 91.5 | 90.1 | 86.7 | 0.023 |
| 英国，1997 | 76.3 | 83.2 | 77.6 | 85.4 | 83 | 80.9 | 0.023 |
| 冰岛，1999 | 78 | 82.5 | 85.7 | 88.4 | 87 | 84.4 | 0.024 |
| 比利时，1999 | 84 | 88 | 93 | 95 | 94 | 90.8 | 0.025 |
| 瑞典，1998 | 80.6 | 86.5 | 84.8 | 89.7 | 93.1 | 86.9 | 0.028 |
| 日本，1996 | 77.3 | 76.8 | 75.2 | 84.1 | 86.4 | 79.5 | 0.03 |
| 挪威，1997 | 74.9 | 83.1 | 88.5 | 90 | 92.6 | 86.1 | 0.039 |
| 加拿大，1997 | 69.3 | 75.2 | 77.2 | 84.5 | 86.9 | 79.4 | 0.045 |
| 瑞士，1999 | 52.6 | 54.2 | 56.5 | 65.4 | 72.4 | 61.1 | 0.067 |
| 美国，1996 | 50.6 | 55.4 | 66 | 72.6 | 86.7 | 70 | 0.108 |

图表 4-16　欧美 16 国民众对本国政府的不信任程度

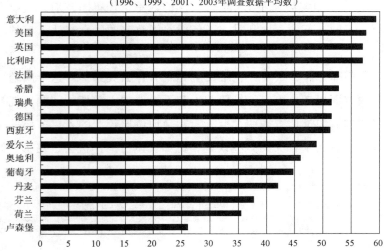

欧美16国民众说自己倾向不信任本国政府的比重（%）
（1996、1999、2001、2003年调查数据平均数）

康保健、医疗等等；而上层的人比较关心经济（如税收、通货膨胀、政府支出、预算等）和社会（如堕胎、色情杂志出版）问题。如果不同社会阶层投票率一样的话，政客们会听到不同阶层的呼声。但如果社会底层的人不投票，他们关切的那些问题就难以被表达出来。第二，在以选举为特征的所谓"民主"制度下，政客关心的是如何获得尽可能多的选票。因此，对他们来说，只有参与投票的人才是重要的，不投票的人对他们的政治生涯毫无意义。如果社会底层根本不参加投票，政客就没兴趣与他们打交道，也不会注意他们关心的议题，因为如果某一个群体的参与率比较低的话，就不会对政客造成压力。

基于以上两个理由，投票的不平等参与就会导致政策明显偏向社会上层，而不利于社会底层。两者之间既有逻辑上的联系，也有事实上的联系，还有经验上的联系。

**金钱与选举**

在选举中间，投票很重要。假设所有人投票，钱在投票过程中起到的作用可能就比较小，因为此时，大家投票的成本主要是时间，而时间的分布对于每个人来讲是完全平等的。每一天都是 24 小时，富人不可能是 25 个小时，穷人也不可能是 23 小时。但是如果有些人投票，有些人不投票，社会各阶层的投票率不一样，政客为了动员人们给自己投票，特殊选民为了让自己人当选，金钱就可以大显神通了。与时间不一样，金钱的分布是不平等的，掌握更多竞选经费的候选人容易当选，占有更多资源的人更可能影响选举结果。金钱在选举中发挥作用并不是什么新鲜事。下面有两张美国漫画，第一张出现在 1889 年，国会议员似乎忙得不亦乐乎，但真正当家的是后排那些大腹便便的老板们。第二张是 2002 年的漫画，在国会议员的办公桌上，一边是等着人捐款的钱罐子，另一边是出台的政策法规。两幅漫画中间隔了上百年，但金钱对政

漫画 1

漫画 2

治的影响依旧。漫画家们是用夸张的手法勾勒出严酷的现实。

钱在美国政治中的作用是什么？有一个电影里面讲到钱不是万能的，但没有钱是万万不能的；这就是钱在美国选举当中的作用。现在的选举是十分费钱的，讲究所谓"3P"——民意调查（polling），包装（packaging）和推销（promotion）。候选人首先要委托专业公司不断就各种议题进行各种各样的民意调查，并依据民调的结果不断调整候选人的讲话内容和方式，尽量争取把讲话对准特定的选民群体，争取更多的选票。这些调查是非常费钱的。其次，根据选民的偏好，候选人要雇用专业顾问（包括发型顾问、形象顾问、发声教练、撰稿人）做形象包装。我们在电视上看到的西方政客，一言一行、一举一动恐怕都是由花费不菲的专业顾问精心设计出来的，目的是不放弃任何一个可以争取选票的细节。所以说，今天候选人的很多作为与好莱坞的演员没有什么区别，基本上属于演艺界。这些顾问一般每个小时的酬金是450美金，雇一堆专业顾问也要花很多钱。最后，候选人得把自己"卖"出去，为此他们必须买电视广告时间、买报刊广告版面、买互联网网页广告版面；要请专业公司制作竞选广告；要请专业公司用复杂的数学公式计算出向潜在支持者海量发行广告信的最优方案，然后通过邮局把几十万、上百万封信投送出去；要在各地飞来飞去，参加竞选活动（为了赶时间，往往不能坐班机，要专门包租飞机）；要请专业公司组织造势集会。所有这一切都是为了把尽可能多的选票搞到手。而所有这些都必须用大量金钱来支撑。虽然有钱不一定赢，但是没有钱肯定不会赢，没有钱就寸步难行，就是这么简单的一个游戏规则。值得注意的是，"3P"是从产品推销那里借鉴而来的。现在的选举也是推销产品，即候选人。候选人与一般产品的不同之处仅仅在于，候选人往往也是推销自己的广告演员，不像洗头水、化妆品只能由其他人代言。

卢利（Andy Rooney）先生是美国CBS电视台《60分钟》栏目的主持人。中国人也许不熟悉这个老头，但他在美国家喻户晓。每期

《60分钟》节目的结尾都是由他出来说几句俏皮话。2007年4月1日和4月8日两期《60分钟》,他就专讲总统选举的花费问题。1860年林肯竞选总统时,他花了10万块钱,对手花了5万块钱,花10万的赢了花5万的。从此以后,往往是花钱多的人赢得选举。如2004年的总统选举,小布什花了3.67亿美元,他的对手约翰·克里花了3.28亿美元,结果小布什赢了。如何避免这种比赛花钱的状况呢?卢利先生提了两个很有意思的建议。一是今后投票不是给自己最喜欢的候选人,而是给自己最不喜欢的候选人,谁得票多,谁就输掉了选举。采取这种方式的话,候选人花钱就没有什么用了。另一个建议是干脆立一个女王,不必费事隔几年搞一次选举,这样金钱也就没有多大作用了。他这么说当然是开玩笑,但也说明金钱在美国选举中的作用有些过分了。

金钱在美国选举中到底有多重要?图表4-17显示了1860—

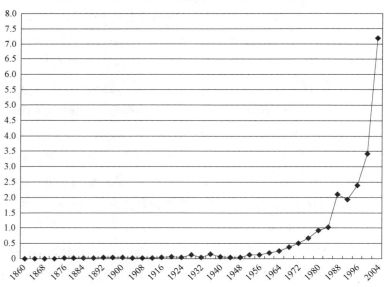

图表4-17  美国总统大选中候选人的总花费(单位:亿美元)

2004 年间总统选举花费规模的变化。在这 144 年里，共举行了 36 次总统选举，平均每次选举的花费比上一届选举增长 45.5%。在 1880—1948 年间，竞选经费还有时增，有时减，但从 1952 年大选开始，趋势就变得有增无减，只有 1992 年的大选是例外，那年的花费是 1.92 亿美元，少于 1988 年大选的花费 2.11 亿美元。但此后，竞选花费直线上升，到 2004 年，竞选花费已高达 7 亿多美元。笔者写这本小书时，美国正紧锣密鼓地进行 2008 年初选，民主、共和两党还没有最终确定候选人。早在 2007 年 1 月份美国选举委员会的主席就预测，2008 年的总统选举可能是美国有史以来最昂贵的一次选举，总花费很可能要超过 10 亿美元。他同时预测，一个候选人如果在初选的时候没有募到 1 亿，就不必玩这个游戏了，筹得 1 亿美元才能算得是"入场券"。然而，到 2008 年 1 月份，参与初选的候选人已经筹得了 6.85 亿美元。这样，到 11 月份大选结束，总花费超过 10 亿美元可以说已是铁板钉钉了。行家预测，两党最后参加对决的两位候选人恐怕每人都得筹得 5 亿美元以上，才能把选战进行到底。

不仅总统大选花钱，要竞选美国国会参、众两院那 535 个席位也得花钱。在 2006 年的国会选举中，当选的参议员平均花费 964 万美元；即使是那些没有选上的倒霉蛋，每人也平均花费了 741 万美元。在所有角逐者中，花钱最多的参议员候选人是希拉里·克林顿，她在纽约州的选战一共募得 5400 多万美元，花费了 4083 万美元，相当于 1972 年总统大选多位候选人的总开销。竞选众议院的席位代价小一些，当选的众议员平均每人花费了 125 万美元，没当选的候选人平均也花费了 62 万美元。在 2006 年国会选举中，众议院方面一共花了 7 亿多美元，参议院方面一共花了 5 亿多美元，加起来是 12 亿多美元。在参加角逐者中，大量是已经在位国会议员竞选连任，这些人平均竞选花销比其他人多得多，他们再次当选的机会也比其他候选人高得多。在2006年国会选举中,有30位参议员竞选连任,23人成功连任,成功率77%;同时有407位众议员寻求连任,383人成功,成功率高达94%。美国国会议员是没有任期限制的,只要竞选成功,可以永远赖在国会不走;于是,国会里总是有大量老面孔。目前,国会中任期最长的是年过九旬(1917年出生)、早年加入过三K党的罗伯特·博德(Robert C.Byrd),他已担任了56年众议员或参议员。不仅如此,美国国会虽然不允许世袭,但父传子的现象相当普遍,如曾与小布什竞选总统大位的戈尔,他父亲阿尔伯特·戈尔曾任国会议员32年,并于1956年竞选过民主党副总统候选人。又如,已在国会任职52年的众议员John Dingell,其父也担任过二十多年国会议员。为什么美国国会新陈代谢、吐故纳新比较困难呢?道理很简单,有很多人支持熟面孔连任,赌这一票比较保险,所以大量的钱会投到这些已经在位的人身上。

由于竞选是非常费钱的游戏,不是所有人都玩得起。玩得起选举游戏的只剩下两类人,一类自己非常有钱,一类能够募得大量的政治献金。当然还有一种人,他们自己本身很有钱,但更有本事获得大量政治献金。在2002年美国国会选举中,有20个人自费100万美元以上参选,其中花钱最多的一位拿出779万;2004年,自费100万美元以上的参选者增加到23位,其中花钱最多的一位拿出2866万;2006年,自费100万美元以上的参选者增加到28位,其中花钱最多的一位拿出了1700万美元。人们不禁要问,这些人为什么舍得花这么大的代价争取年薪十几万的工作(2008年,国会议员的年薪为169300美元)?西方经济学、政治学都假设人是自私的,会想方设法争取自我利益的最大化。按道理,应该有大量研究探究这些砸大笔金钱竞选的政客追求什么回报、得到什么回报。奇怪的是,这种研究几乎是凤毛麟角。

能拿得出上百万参加一次竞选的人当然都是百万富翁。除此之外，美国国会中还有大批百万富翁。1992年，百万富翁占参议院成员的28%；2000年国会选举的获胜者中，三分之一至少是百万富翁；2002年国会选举的获胜者中，47%至少是百万富翁。到2006年，435位众议员中有191位至少是百万富翁（44%），所有众议员财产价值的中位数是67.5万美元；在100人的参议院里面有58人至少是百万富翁（58%），所有参议员财产价值的中位数是170万美元。在参、众两院共有6位亿万富翁（包括2004年竞选过总统大位的约翰·克里）、几十位千万富翁。立法部门如此，行政与司法部门更是如此。在美国最高法院9位法官中，有7位是百万富翁。现任美国总统小布什，以及他的副总统切尼都不只是百万富翁，而是千万富翁。这些富翁的钱从哪里来呢？有些是祖传的，如不少国会议员来自显赫的家族，如洛克菲勒家族、肯尼迪家族；有些则是因为他们自身来自高薪阶层，如律师、医生、大公司经理。而与此同时，在美国人口中，只有不到1%的人能够拥有百万的资产。由此可见，治理美国的是一群与普通美国人完全不一样的特殊群体，一个非常有钱的群体。难怪尼克松总统的顾问凯芬·菲利普斯（Kevin Phillips）会在他的近作《财富与民主》（*Wealth and Democracy*）一书中把美国的政体称为"富豪制"（Plutocracy）。在他看来，在美国"金钱与政府已经完全融为一体了"。从民主的角度看，本来普选权应该包括平等的选举权与平等的被选举权。前面我们已经看到，选举权的行使是十分不平等的；这里我们又看到，高价的竞选实际上剥夺了绝大多数人的被选举权。如果选举权与被选举权实际上都严重不平等，把这种体制叫作"民主"实在有点滑稽。充其量，这不过是一种"选主"体制。

如果候选人不愿意或没钱自掏腰包参加竞选，那么他们就必须千方百计尽可能多地争取政治献金。谁会给候选人政治献金？候选人会向什么人争取政治献金？答案当然是有钱人。前面已经提到，在发达国家中，美国是最不公平的国家。更值得注意的是，1972年以后美国社会的收入不公平程度开始日益恶化，到现在，美国的不平等程度又回到20世纪30年代罗斯福新政以前的水平，其基尼系数2005年达到0.469，与中国大致相同。而美国只有3亿人，地区差别和城乡差别都不太大，它的不平等主要是表现在阶级之间的差别上。财富分布在美国就更不公平了，最上层的1%的家庭占有整个国家33%的财富，包括股票、证券、房产等等；接下来4%的家庭占有另外26%的财富，换句话说，最富有的5%的家庭占有整个国家财富的59%。既然，收入与财富的分布如此不平等，不同社会群体拿钱捐给候选人的意愿与能力当然也会大相径庭。以2006年为例，当时美国总人口为2.96亿，其中18岁以上的成年人为2.2亿。其中多少人捐钱给候选人呢？捐200美元以上的人占成年人口的0.28%，捐2000美元以上的人占整个人口的0.06%。总之，有意愿和能力捐钱的人很少。很难想象3700万生活在贫困线以下的那些人会有余钱拿出来捐赠给候选人。

美国法律对政治献金还是有些限制的。否则，让有钱人无限制地向候选人捐款岂不形同买票？根据美国现行法律，每个人在每一次联邦选举中，可以给每一个候选人捐款2300美元；不过"每一次选举"很有讲究，同一个选举的初选、复选、大选被分别看作三次不同的选举。另外，每个人每年可以向"政治行动委员会"捐款5000美元，向地方、州党部捐款10000美元，向某党的全国总部、众议院竞选委员会、参议院竞选委员会捐款28500美元。不管一个人用什么方式捐款，每两年的捐款总额不得超过108200美元。表面看起来，对政治献金的限制好像挺严；实际上，美国有关政治献金的限制存在很多漏洞，富人可以很容易地利用这些漏洞捐很多钱给候选人。按说，本来一个人只能捐给某一个候选人2300美元，但他家里有5口人，就可以捐11500美元。捐款人还可以召开一次"家庭聚会",召集一批人参加,每一个人捐2300美元,这样就可轻而易举地达到几万块钱。不过,这样做还只是小打小闹,更大的法律漏洞有以下几种。

"软钱"(soft money):捐给候选人的钱是有限制的,但是花钱帮助候选人选举实际上没有多少限制。个人和组织都可以捐款给政党,只要不直接花在候选人的竞选活动中,而是打着"党的建设""选民登记活动"等旗号就没问题,这叫软钱。"软钱"与"硬钱"的区别在于是不直接给候选人,而是用所募集的钱来支持该候选人(如支付政治广告,但避免使用诸如"投票给某人"这样的字眼),效果一样,但绕过了法律的限制。过去20年,软钱的数量一直在上升,而且上升得非常快。1992年总统大选时,民主、共和两党竞选经费中还是硬钱占大头,但是到了2000年,软钱在民主党的竞选经费中已超过硬钱,共和党则两者已相去不远。2002年通过的一项新法律禁止全国性政党使用软钱,但其他组织(如后面谈到的527团体)不在此限。

政治行动委员会(PAC, Political Action Committee):这种委员会的"政治行动"说到底就是筹钱支持或反对某些候选人,支持或反对某些政府政策法规。美国有几千个登记在册的PAC,它们代表形形色色的特殊利益集团,尤其是大商会、大公司的利益。比如,汇丰银行就设有"北美政治行动委员会"。上面提到,个人每年可以向这种委员会捐款5000美元,反过来,这种委员会可以向每个候选人的每次选举(包括初选、复选、大选)捐款5000美元,向其他PAC捐款5000美元,向每个政党的全国委员会捐款15000美元。每个PAC都不会只支持一个或几个候选人,他们往往会小心地物色一大批特定的支持对象。更有意思的是,几乎没有一个PAC会只押宝在一个党身上;不少PAC是把款捐给民主、共和两党一边一半。通过错综复杂的筹款和捐款方式,PAC可以募集和投放巨额金钱到"政治行动"中去。例如在2006年，有15个PAC筹集到1000万美元以上，最多的筹集到3500万美元；有14个PAC捐出1000万美元以上，最多的捐出3400万美元。众议院近一半选举经费来自PAC的捐款，参议院选举经费的四分之一也来自PAC，可见其能量有多大。PAC捐款有一个显著特点，它们主要将宝押在那些竞选连任的政客身上，80%以上的捐款是给了这种候选人。原因很简单，这些人已经养熟了，怕换了新人，又得从头培养感情。

"527团体"：美国税法第527条款规定，如果为开展某些政治活动（如动员选民、宣扬某种主张）而筹集捐款，其所得便可以免税。根据此条款成立的组织就叫作"527团体"。特殊利益团体会成立一堆527团体，以募集没有限度的软钱。在2005—2006年间，美国的527团体一共募集了3.85亿美元，支出4.29亿美元。表面上，527团体不会直接帮助某些候选人参选，它们因此不受联邦选举委员会对政治捐款的限制。但谁能说清楚对某个候选人的支持（或反对）与对某种立场的支持（或反对）有什么区别？2004年总统大选时，共和党与民主党就互相指摘一些527团体暗地帮助对方。

向政客捐钱的大概不是活雷锋，他们的"投资"当然是要得到"回报"的。奇怪的是，在这个重要问题上，西方主流政治学几乎交了白卷。没有系统的研究，我们只能通过两方面的小例子来看"回报"可能采取什么方式。克林顿当总统时，共和党人把他骂得狗血喷头，说他把白宫变成了一个廉价的汽车旅馆，原因是克林顿夫妇往往邀请捐款者到白宫或者戴维营住上一两个晚上。以2000年前9个月为例，那时克林顿任期将满，但他太太希拉里正竞选参议员，在361个在白宫和戴维营过夜的客人中，有146人为竞选一共捐款550万美元，其中98%是给民主党或民主党候选人，尤其是希拉里本人。小布什上台后，他更喜欢用自己在得克萨斯的牧场待客。由于牧场是私人的，他请过多少捐款者做客，我们不得而知。但白宫、戴维营也还是派得上用场。在2001年1月至2002年7月间，共有164人曾在白宫留宿，其中70人是政治献金捐赠者，共捐款85.8万美元；在2005年5月前的一年内，也有152人在白宫和戴维营留宿，其中至少一半是亲朋好友。在余下的那些人中，一大半是政治捐款人。

总统的另一种回报方式是任命驻外大使。当然，对于十分重要的国家，一般会由职业外交家担当美国大使。驻第三世界国家的大使也大致如此。但那些最令人垂涎三尺的大使位置（即舒适、惬意、安宁的位置）往往保留给那些慷慨的捐款人。例如，克林顿1994年把富商劳伦斯（Larry Lawrence，《福布斯》杂志1991年将他列入美国最富的400人之一）任命为美国驻瑞士大使，不过他两年后就死了。小布什当总统后当然不会放弃这种假公济私的回报手段，如果我们查一查美国现在驻奥地利、比利时、巴西、法国、德国、意大利、立陶宛、荷兰、新西兰、挪威、葡萄牙、罗马尼亚、斯洛伐克、瑞士、英国、联合国日内瓦分部、乌拉圭、梵蒂冈大使的底细，他们有一个共同的特点，那就是他们都给共和党以及小布什本人捐赠了几十万美金的政治献金。白宫是美国的国家财产，驻外使节是美国政府的职位，但当选总统可以拿它们回馈自己的支持者，这是不是慷国家之慨？这算不算腐败？

民主选举最基本的原则叫作"一人一票"，金钱的介入从根本上改变了民主选举的基本原则，从"一人一票"变为"一元一票"，就是谁家钱多，谁募集的政治献金多，他能动员的选票就比较多；游戏规则由此不知不觉地发生了变化。以2004年的选举为例，在总统竞选中，共和党候选人小布什花了3.67亿美元，比民主党候选人约翰·克里的竞选经费3.28亿美元多近4000万，前者便是赢家。在众议员竞选中，435位胜出者中有415位是本选区花钱最多的候选人（95.4%）；在参议院竞选中，34位胜出者中有31位是本选区花钱最多的候选人（91%）。[1]这一年，在三分之一的众议员选区（127个），选举毫无悬念，因为胜出候选人的对手没有什么钱。只有23位候选人虽然花钱比对手少但赢得了选举，其中包括后来变为民主党2008年总统大选参选人的奥巴马，不过他也没少花钱，其竞选支出达1500万美元。两年后，在2006年的国会选举中，情况大致相同。争夺众议员席位的候选人中，93%是花钱最多的那位胜出；争夺参议员席位的候选人中，67%是花钱最多的那位胜出。不仅全国性的选举如此，地方选举的格局也大同小异，一项研究证明，在2002年到2004年加州的选举中，花钱最多的人赢得选举的可能性是95%，而花钱第二高的人得票就低很多，只有4%，第三高的只有1%。所以，钱的作用并不是无关紧要的，而是在美国选举中起着决定性的作用。难怪几乎所有的候选人，不论属于哪个党，都会使尽浑身解数去筹措竞选经费，钱是美国政治的生命线。

从18世纪末开始，美国就有不少人十分担心金钱会颠覆民主。两百多年来，社会上要求改革政治献金制度的呼声不绝于耳。近30多年里，美国表面上通过了一些限制金钱作用的法规，但结果却是金钱在政治中的作用越来越大，而不是越来越小。美国的两大党也是现行体制的受益者，尤其是在位的参议员、众议员们和那些大额捐款者。更严格地限制金钱在选举中的作用，实际上是让他们牺牲既得利益，他们怎么会革自己的命呢？因此，希望国会通过全面禁止政治献金的法案无异于与虎谋皮，几乎是不可能的。最让外人瞠目结舌的是，美国最高法院在一个判例中裁决，对竞选开销进行限制违反了受美国宪法第一条修正案保护的"言论自由"，是违宪的。英文中本来就有一个词形容金钱的影响，叫"钱能说话"（Money talks）；美国最高法院的这个裁决真的让钱来说话了，谁钱多，谁的声音就大，谁的

---

[1] 在2002年的众、参两院选举中，也分别有95%和76%花钱最多的候选人赢得席位。

"自由"就多。

当然,在一个贫富悬殊的社会里,仅仅禁止政治献金也可能带来新问题。如有一些人非常担忧,一旦限制了政治捐款,可能会出现一种情况,就是只有富人才会出来参选,因为他们不需要别人捐款,靠自己的钱就足够了。这种担忧显然不是杞人忧天,因为过去十几年里,已经有多位亿万富翁参加美国的大选,如 1992 年参与总统大选的罗斯·佩罗(Ross Perot)便拥有 40 多亿美元的资产。从 2007 年开始,现任纽约市长布隆伯格(Michael Bloomberg)将参选美国总统的传言便甚嚣尘上,这当然不是空穴来风,2002 年,就是他用 5000 万美元竞选经费赢得了纽约历史上最昂贵的市长选举。对这位拥有上百亿美元资产的彭博通讯社老板来说,拿出上十亿美金来玩一把总统选举的游戏是不在话下的。直到 2008 年 2 月,布隆伯格公开宣布自己无意蹚浑水,流言才消失。不过谁也不能担保,他不会在 2012 年出马竞选美国总统。

我们看到,至少在美国,"民主"变为了"选主","选主"变为了"金主"。何谓"金主","谁的金钱多谁做主"是也。

**不平等的参与:群体政治**

选举是西式民主中最普遍的参与方式,一部分民众每隔几年参与一次,就像每隔几年参加一次狂欢节一样。狂欢之后,直到下一次选举,绝大多数民众基本上没有用其他方式去参与政治。即使希望影响政府决策,绝大多数民众也不知道用什么方式可以达到目的。这不由让人想起卢梭 250 多年前对英国议会制的评论:"英国人自以为是自由的,他们是大错特错了。他们只有在选举国会议员的期间,才是自由的;议员一旦选出之后,他们就是奴隶,他们就等于零了。"

然而,有些特殊群体不会闲着。在选举中,最活跃的也是他们,虽然他们并不总是站在前台。他们不会满足于将自己中意的政客送上总统宝座或国会议席,他们希望在政策制定过程中的每时每刻都能影响政客的决定。这类群体被人叫作"利益集团"或"压力集团",与政党不同,利益集团并不以执政为目标,它们的目标是代表某些特殊利益集团在决策过程中对政府的立法与行政部门施压。欧美各国政治中都有利益集团的身影,但尤以美国为甚。

没有人准确知道美国到底有多少利益集团,但有一点是清楚的,在各种利益集团中,数量和能量最大的都是代表资本的利益集团;不管是50年前的调查,还是近年来的调查都证明了这一点。其他还有代表劳工的团体,代表不同收入群体、不同年龄群体、不同种族群体、不同教育水平群体、不同职业群体、不同宗教信仰的团体。有些利益集团涉及广泛的政治议题,有些利益集团关注单一议题(如堕胎、同性恋)。有不少大型企业本身也可构成单独的利益集团,如苹果电脑、美孚石油公司、波音飞机公司、微软,以及一些大的军火商。美国的媒体和学术研究往往把劳工团体描绘得好像势力很强,实际上,2006年全美只有12%的工人参加工会,是发达资本主义国家工会参会率最低的国家;劳工组织占全部注册利益集团的比重仅为1%,而代表商家的集团比重为18%。

利益集团的活动方式主要是游说(lobbying),即雇用一批专业人士到国会、政府各部门进行游说,想方设法让政府出台有利于自身利益的政策,阻止政府出台不利于自身利益的政策。大的利益集团往往有自己独门独户的游说组织,小的利益集团往往聘用专业游说公司代理。在美国首都华盛顿有一条街,街上房子并不大,门口往往挂着不起眼的小铜牌,看起来像律师事务所或会计事务所。其实,这就是闻名遐迩的K街,这儿云集了一批美国最著名的、能够翻手为云覆手为雨的游说公司,它们往往自称"顾问公司"。

为什么这些专业的游说公司能量如此之大呢?原因很简单,它们聘用了一大批前国会议员或前政府高官。当这些前议员、前官员在位时，他们往往信誓旦旦地向人民保证，自己会为了选民的利益而奋斗。但当他们卸任时，游说公司会向他们递上待遇非常优厚的聘书，让他们为大公司的利益效劳。例如，前众议院拨款委员会主席李文斯顿（Bob Livingston）变成说客的第一年腰包里便进账了100多万美元，比当众议员时的收入高出好多倍。为了防止议员离职后马上投入游说公司的怀抱，现在，国会议员卸任后必须等1年才能回头去游说他们以前的同事。但游说公司往往会先聘刚离职的议员为"临时顾问"，只等1年"冷却期"满马上就可以派上用场。1999年前，行政部门的前官员必须等5年才能服务于游说公司，现在"冷却期"已降为1年。那么有多少前国会议员会"下海"呢？图表4-18给出了回答。在1992—2004年间，一共有198位卸任国会议员，其中86人摇身一变成为特殊利益集团的专业说客，占43.4%。游说公司最喜欢的前国会议员是参议员，尤其是共和党的参议员。在这12年中，66.7%的离任共和党参议员变为了职业说客，而前民主党的众议员中，只有32.4%变成了职业说客。美国人把这种现象叫作"旋转门"（Revolving door），即从这边进入国会，然后

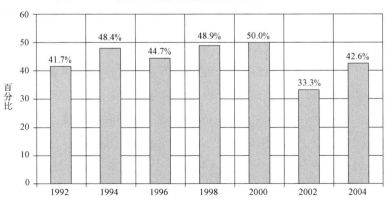

图表4-18　美国国会成员转为说客的比例（1992—2004）

从另一边进入游说公司。可以想象,旋转门的存在可以在很大程度上改变国会议员的心理状态,当他们担任议员时,既要做足"代表选民"的表面功夫,同时要给自己留有后路,为离任后拿到游说公司的肥差铺平道路。

专业说客可以做些什么事情呢?那就多了,如打通与关键议员或关键政府官员的关节;全程监控立法过程,以防止突然立法损害客户的利益;起草法案,供议员参考或采用;准备研究报告,说明立法活动可能带来的后果;安排政治广告,动员支持或反对某法案的民意;向立法者转达自己客户的关切;帮助某些国会议员争取连任;在议员间穿针引线,结成投票同盟;与监管机构建立通话机制,等等,不一而足。总之,为了替客户影响决策,他们什么都会干。

特殊利益集团的能量是不能低估的,最好的例子是美国来复枪协会(National Rifle Association,或简称 NRA)。美国一共3亿人口,但其私人拥有枪支达2.5亿支,几乎人手一支。由于枪支泛滥,现在美国每天都会发生枪击案,连中小学校也不能幸免。每年死于非命的人达3万之多。在这种情况下,人们自然会想到限制枪支的使用。根据美国的民意调查,绝大多数老百姓都要求控制枪支。但NRA坚决反对,其理由是佩枪是基本人权,杀人的不是枪,而是人,所以没必要控制枪。长期以来,NRA的会员一直在250万—300万之间徘徊。具有讽刺意味的是,近年来重大惨案很多,每发生一次重大惨案,NRA的会员人数都会上升。2001年"9·11"事件后,其会员的数量已经攀升至400万。虽然这个组织成员占人口的比重非常小,但他们非常有钱,在国会内与两党都有密切的关系。因此,不管社会上有多少人支持控制枪支,彻底控制枪支的法案在国会就是过不了关。图表4-19显示NRA以及其他反对枪支控制的组织捐了多少钱,多少是给国会议员个人捐款,多少是为PAC捐款,以及它们捐给谁、哪个党。很明显,它们的捐款主要流向共和

图表 4-19 枪支组织的捐款

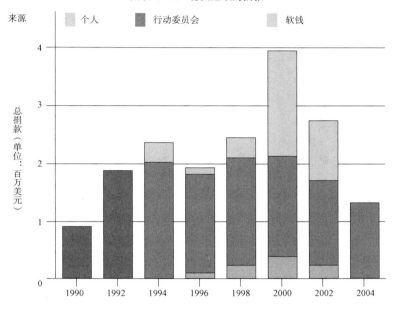

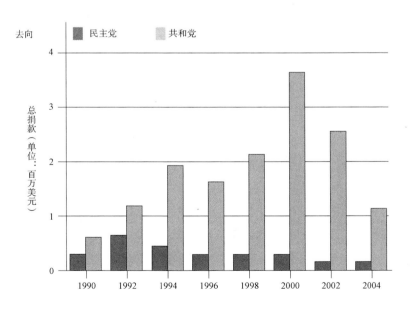

第四讲 实效与反思 211

党，因为共和党比较保守；但它们也捐给民主党人，因为两边都要打点打点。

除了直接和间接为国会议员的选举捐款外，反对控制枪支的组织也拿出大笔经费来游说国会议员。图表4-20比较了要求枪支管制与反对枪支管制两大阵营的游说经费。可以看出，要求枪支管制的人虽然很多，但他们对这个议题的关切程度不够强，因此捐款的积极性不太大。而反对枪支管制的人虽然不多，但他们对这个议题极为关切，因此捐款的积极性非常强烈。结果，反对枪支管制的阵营可以筹集大量经费用于向国会议员游说，其游说经费平均是对立面支持枪支管制阵营的14.5倍。在这里，的确是"有钱能使鬼推磨"：人数少花钱多的阵营胜出，人数多花钱少的阵营败北。

与选举一样，近年来，利益集团花在游说上的经费增长飞快，远远超过通货膨胀的速度。1998年时，全美国登记在册的游说经费为14.5亿美元；到2006年，这个数字已经上升到25.5亿美元，增加了75.86%。花钱最多的是哪些利益集团呢？数据显示，在1998—2006年

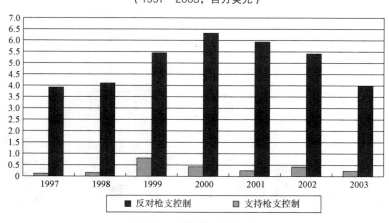

图表4-20　主张枪支管制与反对枪支管制两大阵营的游说支出
（1997—2003，百万美元）

数据来源：参议院公共记录办公室

间，在游说上花钱最多的20个组织中，有12个是大公司，包括通用电气（1.56亿美元）、洛克希德－马丁（军火商，8021万）、波音飞机公司（7790万）、飞利浦－莫尔斯（烟草公司，7550万）、通用汽车（7116万）、福特汽车（6767万）；其余的8个都是商会性组织，如拔得头筹的美国商会（3.17亿），其次是美国医师协会（1.56亿）。至于美国20个最大的游说公司，中国读者大概不会熟悉它们的名字。其实，一般美国人也未必听说过它们。但中国读者也许知道卡西迪公司，因为台湾当局曾是卡西迪的重要客户，它负责为台湾当局在美国政界拉关系。这个神秘的卡西迪公司排在20大游说公司之首，其花销是2.36亿美元。

说到金钱在选举与游说中的作用，有人也许会说，这没有什么值得大惊小怪的。他们会说，在任何社会里都会有不同的利益群体；民主社会允许不同的群体在法律允许的范围内自由地争取自身利益的最大化，这是无可厚非的。更何况，不同的利益群体形成有组织形态的利益集团，不同利益集团之间平等地互相竞争，争取有利于自己的政策，其结果是达成政治生态的平衡，这正是民主的精髓之所在。这种说法在学理上被叫作"多元主义"。回顾多元主义的历史，我们发现，20世纪50年代流行的多元民主理论本是一种对精英民主的辩护。为了对以往的"乌托邦民主理论"或"大众民主"（populistic democracy）理论釜底抽薪，多元民主理论首先试图消解"人民"这个概念。据说社会上根本就不存在一个"多数"，只有许多"少数"。既然没有构成多数的"人民"，哪会有什么"民治"呢？但将人民分解成许多"少数"还要避免与马克思主义的"阶级论"沾边，于是民众不是被分解成"阶级"，而是被分解成"利益集团"。据多元主义者说，民主不是要发现共同的公众利益，而是为"利益集团"之间的竞争提供一个舞台。如果有人提出疑问：利益集团不也是被精英们把持的吗？那到头来不还是寡头政治吗？多元论者的回应是，利益集团之间的竞争使得没有一个单独的精英团体能够垄断政治决策，因此，便不存在所谓"寡头统治的铁律"。以多个精英团体竞争为特征的民主政体，叫作"多头政体"（Polyarchy），它既可以防止独裁统治的出现，又可以防止暴民政治的出现，对有产阶级来说，真是再贴心不过了。但这种政体的主角已经不是人民，而是政治精英。对此，多元论者满不在乎。用大卫·杜鲁门（David Truman）的话说，从实际运作的角度看，"精英就是人民"（The elites are, for all practical purposes, the people.）。精英们也许真这么自我感觉良好，老百姓是否这样看就完全是另一回事了。今天，中国国内也有一些"精英"相信并鼓吹多元主义，他们因此希望在中国也看到更多的利益集团出现，认为利益集团参与政策制定过程是民主化的标志。

多元主义理论的最大缺陷在于它建立在一个虚妄的假设上，即每个利益集团在政治上的影响正好与它们所代表的利益群体的规模成正比。我之所以说这个假设是虚妄的，看看图表4-21应该就清楚了。从"B与A之差"可以知道哪些利益群体被利益集团"过多代表"了，哪些利益群体被利益集团"过少代表"了。很明显，管理阶层被过分代表的程度最大，这个阶层占美国成年人口的7%，但代表这个阶层的利益集团数量占全部登记在册利益集团的71%。而所有弱势群体都没有被充分地代表，尤其是非农业劳动者，他们占成年人口的41%，但代表他们的利益集团数量占全部登记利益集团的4%。在美国主流媒体上，对工会组织的批评不绝于耳；美国电影中的工会形象往往与黑帮无异。这给不知内里的人造成一个印象：工人群体的利益被过度代表了。其实，美国工会的入会率在西方国家中一直最低，而且自1950年以来一路下滑，到现在已跌至12%，低于罗斯福新政前的水平。看到图表4-21，任何有头脑的人都会对多元主义产生疑问：利益集团是否能够平等地代表管理阶层与劳工阶层的利益？答案当然是"不能"。在美国，自20世纪70年代开始就有一些学者看到了多元主义的局限性，认识到利益集团之间的自由竞争完全可以产生忽略公共利益的结局，因为特殊利益集团以及为它们服务的游说公司有巨大的能量，可以扭曲政府的决策过程（如反对枪支控制阵营的影响力）。近年来有关"国家捕获"（State capture）的理论也注意到，美国政府的规管机构非常可能被它们的规管对象、一些特殊利益集团所"捕获"，成为后者损害公共利益、争取自身利益最大化的工具。在美国政治生活中最活跃、最有影响力的利益集团高度关切的都是一些非常狭隘的利益；把这些利益集团的关切加在一起并不等于公众利益。特殊利益集团之所以存在，说到底就是为了说服政府决策者照顾它们的特殊利益，而置公众利益于不顾。与政府机构不同，这些利益团体不必对公众负责，即使它们的所作所为违反了公众利益。

图表 4-21　美国利益群体与利益集团

| 利益群体 | A. 占美国成人比重 % | B. 占利益集团数量的比重 % | B 与 A 之差 % |
| --- | --- | --- | --- |
| 管理人员 | 7 | 71 | 64 |
| 专业技术人员 | 9 | 17 | 8 |
| 学生/教师 | 4 | 4 | 0 |
| 农业工人 | 2 | 1.5 | -0.5 |
| 丧失劳动能力 | 2 | 0.6 | -1.4 |
| 其他非农劳动者 | 41 | 4 | -37 |
| 家庭妇女 | 19 | 1.8 | -17.2 |
| 退休者 | 12 | 0.8 | -11.2 |
| 失业者 | 4 | 0.1 | -3.9 |

## 三　对民主制度的反思

本书的全部论述基于一个简单的信念，真正的民主是个好东西。所谓"真正的民主"是人民当家做主的民主，而不是被阉割、经过无害化处理的民主。基于这个立场来归纳本书的基本发现，大概不外乎以下四点。

第一，从民主的发展历程看，在人类历史的绝大部分时间里，真正的民主一直被有产阶级和知识精英看作一种"坏东西"，他们曾对人民当家做主的前景怕得要死，也曾拼命地抵制这种民主。而最终被他们看成"好东西"的民主恰恰是被阉割、经过无害化处理的"民主"，是不会对有产阶级和知识精英的利益造成威胁的"民主"。这种"民主"，一言以蔽之，就是"选主"。

第二，当然，不同的选主体制还是有优劣之分。大量的比较制度研究证明，就选举制度而言，比例代表制比多数代表制好；就政党制度而言，多党制比两党制好；就立法—行政部门的关系而言，议会制比总统制好。好就好在，在这三组对比中，前者的真正民主成分都比后者更多一些。这就涉及对美国模式的评价。由于美国具有强大的硬实力和软实力，国内外都有很多人迷信美国制度，把它看作民主的典范，而美国的选举制度采取的是多数代表制，政党制度采取的是两党制，立法—行政关系采取的是总统制，恰恰属于比较更不民主的体制安排。实际上，与美国的体制相比，欧洲一些国家体制的民主成分更多，民众的政治参与更广泛，金钱的政治影响力更小。

第三，由于选主体制并不是真正的民主，它们运作起来并不一定能改善广大人民群众的境遇。这大概就是为什么跨国、跨时段的比较研究发现，以选主为特征的现实民主制度与经济增长、社会正义、人类幸福都没有什么必然的关系。这个发现也许对相当多的人来说有点出乎意料；过去几十年不少人曾用各种方式摆弄数据，希望证明选主体制可以带来一切"好东西"，但都铩羽而归。看来，证明赝品也是"好东西"并不容易。

第四，在"选主"体制下，广大人民群众的作用就是每隔几年参与一次近乎狂欢节的选举仪式，选出新的主子，同时得到心理上的慰藉："主子是我们选出来的。"实际上，在"选主"体制下，广大人民群众参与政治决策的范围、深度、广度都很受局限，而各种资源（金钱、知识、相貌、家世）的拥有者在这种体制里却如鱼得水、占尽先机。

最后这一点已经引起一些有批判头脑的西方学者注意。在20世纪90年代，相当多的人看到有竞争性选举就盲目地拍手叫好，马上就送上一顶"民主"的桂冠，现在情况已经开始发生变化。前几年已有一份西方学术杂志展开专题讨论，谈"有缺陷的民主"（Defective democracy）。何谓"有缺陷的民主"？就是指那些竞争性选举定期上演如旧，但政治、经济、社会一塌糊涂的体制。这样"有缺陷的民主"不是一个、两个，而是几十个、上百个。如果"有缺陷的民主"主要指某些新兴选主体制的话，现在也有越来越多的独立思考者开始讨论欧美发达国家内的"民主赤字"（Democratic deficit）。所谓"民主赤字"就是挂着"民主"的招牌，但徒有其表。这个名词最早出现在20世纪80年代，那时专指欧盟制度安排中的不民主成分。现在，它已获得了更广泛的含义，以至于我们看到大量对"美国的民主赤字""加拿大的民主赤字""澳大利亚的民主赤字"的讨论。民主的赤字表现在很多方面，最主要的是三个方面：投票率的下降、政党的衰落、民众对各种政治机构和政治人物的信任度下降。这三种现象并不局限于个别国家，而是在相当多的所谓"民主"国家都可以观察到。

如何减少以至消除"民主赤字"呢？最基本的思路是牢记民主的

原意：人民当家做主。从人民当家做主这个目标出发，必须跳出选举迷信，超越选主模式，不断扩大广大人民群众的政治参与。在过去一二十年里，世界各国的进步力量，在理论和实践中，对扩大人民参与的力度、深度、广度、范围进行了有益的探索。限于篇幅，这里只能点到为止。

第一，用抽签替代选举，增强民众政治参与的力度。古代雅典的民主既没有代议制，也没有选举。那时的民主是全体公民直接参与的民主；如果实在需要挑选少数人担当某些职务，挑选的方式不是选举，而是抽签。现在的政体规模比雅典时期不知扩大了多少倍，动辄几百万人、几千万人，甚至几亿人、十几亿人，很多人因此认为实行直接民主已经没有可能。即使我们接受这个判断，间接民主或代议制也不一定要采取选举的方式实现。民主本来的含义是政治上的平等；以选举为特征的代议制民主在一种条件下也许是不存在问题的，那就是所有的资源在社会各阶层之间均衡分布，因为在这种情况下，最后出现的选举结果可能与抽签的结果没有太大的差别。但是在资本主义的体制里，资源分布极度不均，而且近几十年变得越来越不均，这个条件并不存在。在现在主流的民主体制下，民主被化约为选举，选举被化约为竞选，竞选被化约为推销，一系列推销手段便应运而生（包括负面竞选、抹黑对手，也就是台湾政治中叫作"奥步"的各种损招）。在这种体制下，策略的运用变得非常重要，公民变成选举文化的消费者，选举或竞选不是为了提供资讯，反而更多的是为了误导民众，骗取他们的选票。在一些地方选举时，我们往往看到一些参选的政客大放厥词，说大话、昏话、胡话、屁话；此时就会有人出来打圆场，说这是"竞选语言"，暗示竞选是可以不向任何人负责的。这样选出来的人往往不是最好的候选人，而是最能推销自己的候选人。更严重的是，很多国家的竞选完全靠拼资源、拼形象、拼口才、拼演技，与演艺业和广告业相差无几。在这种体制下，占有资源的经济和知识精英，就可以大显身手；而穷人或被认为较笨的人，往往不过是被动的道具。结果，在这种以选举为主轴的代议制下，产生一种恶性循环，就是资源分布的不平等导致参与的不平等，参与的不平等导致代表性的不平等，代表性的不平等导致对决策影响的不平等，而对决策影响的不平等又反过来影响资源的不平等。因此可以说，以选举为主轴的民主充其量只是一种形式上的平等，它表面上好像赋予人们平等的选举权，但绝大多数人实际上完全被剥夺了被选举权。

为了让所有人都享有平等的参政权，有学者建议，用抽签代替选举。在抽签制下，每个人当选的机会是随机决定的、完全平等的。不管是什么人、拥有多少财产、受过多少教育、祖上有没有名人、长得好不好看、口才如何，所有人的机会是完全均等的。澳大利亚悉尼大学哲学教授约翰·本黑姆（John Burnheim）为以抽签制为特征的代议制创造了一个新词，叫作 Demarchy；也有人把这种体制叫作 klerostocracy，其中 kleros 在希腊语中意味着"投骰子"；还有人更直白，干脆把这种体制叫作 Lottocracy，懂英文的读者都知道，lot 就是抽签的意思。

抽签制的优势无非是两点。第一，抽签对选举制下可能发挥作用的各种不公正因素可以釜底抽薪。在选举中，金钱与各种策略扮演的角色就是试图扭曲人们选择的结果。抽签等于彻底消除了操控选择结果的可能性。第二，抽签保证所有人都享有完全平等的担任公职的机会，让最普通的人也有机会从政，即使社会本身十分不平等。

对于抽签方式的适用范围，不同理论家观点不一。1985 年有两本书问世，一本书的题目叫作"公民的立法机构"（*A Citizen Legislature*），作者是两位学者，考伦巴赫（Ernest Callenbach）与菲利普斯（Michael Phillips），他们建议用随机的方法来挑选美国众议员，而不是用选举来挑选。另一本书由本黑姆出版，标题是"民主是可能的吗？选举政治的出路"(*Is Democracy Possible? The Alternative to Electoral Politics*)，其关注点不仅仅是美国，而是提出一种新的民主模式。这两本书的共同特点是主张废除选举，但不抛弃代议制，借以消除代议民主与参与民主之间的对立。这些作者认为，如果采取抽签的方式，任何的政治、经济势力都不再能造成不平等的利益代表或社会区隔。这样一来，就不必浪费竞选所需的时间及金钱了，所有的社会群体都有均等的机会进入国会，国会议员的构成就能在很大程度上反映人口的构成。有人会担心，如果一般平民百姓被抽中担任议员，他们是否有能力参政问政，这正是从柏拉图以来的精英分子攻击民主的理由。我们不要忘记，现在世界各国法院的陪审团成员都是用抽签方式挑选出来的，担任陪审员是公民应尽的义务，如果被抽中而拒绝履行这个义务，还会受到处罚。陪审团的功能是决定被告是否有罪，关系到人的生死存亡。这种性命攸关的重要工作都可以由随机挑选的老百姓决定，其他还有什么事情随机挑选的老百姓不能决定？用抽签的方式实施代议制为什么不行？

也有人主张在有限范围内用抽签制来弥补选举制的不足。民主理论大师、耶鲁大学的荣休教授罗伯特·达尔在1989年出版的《民主与它的批评者》(*Democracy and Its Critics*)一书中就提出，可以用随机的方式形成一些他称之为"人口缩影"(minipopuli)的群体，每个群体从全体公民中随机抽选出1000人，这些群体可以举办听证会、征集研究报告、进行辩论，由他们来决定政策的议程设置，或处理社会中某个重大问题。对达尔来说，抽签制只是对现行政治体制的补充，而不能取代选举。

选举制的鼓吹者也许会辩称，古希腊的情况与今日不同，抽签制不适用于今日的世界。但如果我们真心希望完善民主制，便没有任何理由不积极探索实现民主的新途径，而死守选举。古希腊人并不会因为"历来如此"而在体制创新方面不思进取。否则的话，民主制本身就不会出现。事实上，最近一些西方国家也在探索用抽签制来弥补选举制的方式，像共识会议（consensus meeting）、公民团（citizen jury）等，其成员也是抽签产生的，这些试验也许可以部分弥补间接民主产生的问题。只有这样不断以开放的心态来探索实现民主的新途径，才能使民主的品质得到提升。

第二，加强商议，提高民众政治参与的深度。投票不仅用于选举，也用于决策。用投票方式决策是基于这样一种假设：即每个人已经清楚知道自己的政策偏好，投票可以揭示不同人的政策偏好，通过计算投票的分布可以整合出最后的决策。但主张商议式民主的理论家认为事情并不这么简单。他们认为，人们的偏好不是固定的；很多时候人们未必知道应该如何在不同选项中做选择。商议为什么重要呢？因为，在交往中，在不断开会讨论、辩论中，随着人们对不同政策选项的方方面面的了解一步步深入，他们的政策偏好是可能发生变化的。商议的作用就是让人们接触不同观点，并迫使人们从公共利益的角度为自己的立场辩护。通过你来我往的讨论、辩论，人们可能对自己的偏好进行提炼、修正、转变，把原本自私的偏好转化为能考虑到他人利益的偏好。反复商议可能产生两种结果。一种可能性是民意的高度收敛，达成广泛的共识，以至于不再需要投票表决；另一种可能性是民意只出现有限的收敛，达不成共识，还得靠投票来在不同的政策选项中做出抉择。即使是后一种可能性，经过反复商议后再投票表决也比不商议就投票表决好，因为商议后人们对不同政策选项的优劣有更充分的了解，他们也因此更容易接受最后的决策。注重商议的民主被人叫作"商议民主"（Deliberative democracy）。在过去十几年里，有关商议民主的讨论汗牛充栋，不少西方理论大师也涉足其中，包括哈贝马斯（Jürgen Habermas）、罗尔斯（John Rawls）、乔舒亚·科恩

（Joshua Cohen）、伯纳德·曼宁（Bernard Manin）、约·埃尔斯特（Jon Elster）。

商议也可以与抽签结合起来。具有政治学（耶鲁大学）与哲学（剑桥大学）双博士学位的斯坦福大学教授费希金（James Fishkin）在其1991年出版的《民主与商议：民主改革的新方向》(*Democracy and Deliberation: New Directions for Democratic Reform*)一书中，提出了一个颇有独创性的方案：用随机的方式在一个国家或一个社区抽出一组人，这组人反复讨论、辩论一个议题；由于这组人在统计意义上能完美地代表该国家或该社区的全部人口，他们之间的讨论和辩论就相当于全国或全社区人口之间的讨论和辩论，各种不同的利益、需求、要求、偏好都可以得到代表。经过一段时间的讨论和辩论后，这组人可以对政策选项进行投票表决。费希金把这种做法称之为"商议性民意调查"（deliberative poll）。自1991年以来，美国一些城镇已经进行了几十次商议性民调，全世界也举办了40多次这方面的试验，包括在加拿大、澳大利亚、英国、希腊、印度，以及中国浙江省温岭市泽国镇的试验。

第三，利用现代电子技术，提高民众政治参与的广度。抽签制和商议式民主虽然可以消除选举制中难以避免的政治不平等，但它们仍然是代议制的一种形式。不管多少人被抽中，不管多少人参与商议，他们都只能是人口的极小一部分。以前，空间上与时间上的区隔使得广大人民群众直接参与政治过程受到限制，但现代电子技术的发展（包括互联网以及与互联网相关的互动电视、互动手机等）有助于克服空间与时间的障碍，为实现直接民主创造了条件。以前的电子技术只能让少数人向多数人发布信息（如广播、电视），或者让少数人向少数人发布信息（如电话）。但以互联网为基础的现代电子技术可以实现无限多的人和无限多的人相互交流信息。没有互联网技术时，最多只能实现小群人之间的讨论、辩论；随着计算能力的提高、上网费用的下降，在理论上，互联网技术可以让无数的人，跨越空间与时间的障碍，参与讨论、辩论任何问题。人们把这方面的尝试叫作"电子民主"（E-democracy、Cyber-democracy、Digital democracy、Teledemocracy）。当然，目前电子民主还处于初始阶段，但其发展潜力给人无穷的遐想空间。

电子民主并不仅仅是用电子技术实现选举投票的便捷化，电子民主最重要的特征是可以让更多的人直接（而不是通过代议士）了解、参与、影响政策制定。"了解"是指电子技术可以让政府通过各种方式使决策过程更加透明，如政府可以用更直接的方式向民众公布与决策相关的信息（在网上公布决策草案、相关数据与背景材料）。"参与"是指电子技术可以让民众用更直接的方式向决策者提出自己的意见、建议、批评（如网上民意调查、网上咨商、网上抗议、网上请愿、网上投票），让决策者与民众实现即时互动。民众与决策者的双向、即时互动可以拉近政府与老百姓之间的距离，让前者更直接地"影响"后者的政策选择，让后者给予前者更直接的回应。

今天，世界上还没有一个国家全面实现电子民主，但有限范围的试验随处可见，包括中国。全面实现电子民主既有技术方面的障碍（计算能力有待进一步提高），也有政治上的障碍（政客与官僚希望保留自己在信息占有方面的特权），还有经济上的障碍。经济上的障碍也许是其中最大的障碍，因为在"用不用得上"和"用不用得起"方面，不同社会群体之间存在巨大的"电子鸿沟"。

第四，超越政治民主，将民主的原则适用于更广泛的范围，尤其是经济领域。上面提到的"抽签民主""商议民主""电子民主"有利于增强广大人民群众政治参与的力度、深度、广度，但它们还局限于政治领域，并不能从根本上解决资本主义民主固有的其他问题，如经济不平等导致的政治不平等。拉丁美洲有一句谚语："猪与鸡'参与'了制作火腿和鸡蛋，但它们在'参与'中一无所获。"在中国古典小说《西游记》中，孙悟空似乎神通广大，但他跳来跳去，永远跳不出如来佛的掌心。可见参不参与固然重要，更重要的是参与什么、在什么范围参与。真正的民主寻求的是让人民大众从形形色色的强制力中解放出来，包括政治上的强制力和经济上的强制力。主流的民主理论，尤其是自由主义的民主理论只强调制约政治权力，但却反对制约经济权力，美其名曰"保护自由产权"。在现代经济制度下，绝大多数人的多数时间都在为财产所有者及其经理效劳，却无力制约时时压在自己头顶的经济权力。政治上的"一人一票""商议""参与"并不能解决他们日复一日必须面对的经济权力问题。如果工作单位内是不民主的，即使整个国家的政治生活是民主的，人们依然还是无法控制自己命运的全部或大部分。同样重要的是，人们在经济收入、社会地位、信息占有等方面存在或小或大的差距。如果这种资源占有方面的差距过大，必然造成参与国家事务的机会与能力严重不平等，进而影响政治民主的实现。这也就是说，真正的民主必须包括政治民主与经济民主两部分；少了任何一部分，民主都是残缺不全的；没有经济民主就不可能有真正的政治民主。因此，扩展民主原则的适用范围，从政治领域延伸至经济领域是真民主的题中应有之义。

恩格斯说，"平等应当不仅是表面的，不仅在国家的领域中实行，它还应当是实际的，还应当在社会的、经济的领域中实行"；这句话中的"平等"也可以换为"民主"。支持经济民主立场的多为马克思主义者，但并不限于马克思主义者。西方当代民主理论大师罗伯特·达尔于1956年出版过一本对民主理论研究有重大影响的小册子《民主理论绪论》（*A Preface to Democratic Theory*）。在这本书中，他着重讨论了政治民主。29年后，他于1985年又推出了另一个小册子《经济民主绪论》（*A Preface to Economic Democracy*），从书名就可以看出，作者的着重点已转移到经济民主上。[1]这两本小册子可以看作达尔思想发展的两座里程碑。早期，他只看到政治民主的重要性；但是到了晚年，他越来越意识到如果经济上不民主，经济上不平等，政治上的民主往往是虚假的，是没有实际意义的。因此，一个政治民主的社会必须以经济上的平等和经济上的民主为基础。这里所谓"经济民主"指的是一个经济体内的所有利益相关者都应该享有平等参与其决策的权利，不管这些利益相关者是不是其财产所有者。反对经济民主的那些人所持的主要理由是，经济领域是财产所有者的禁脔，不容其他人染指。达尔在《经济民主绪论》中对此进行了反驳。他论证，人们自己管理自己的权利在道义上远高于私有产权；因此，后者不能成为拒绝前者的理由。

至于实现经济民主的形式，不同的理论家的侧重点不尽相同。达尔主张"工作场所的民主"（Workplace democracy）。笔者20世纪90年代在耶鲁大学政治系任教时，曾经常向已从该系荣休的达尔请教。记得有一次他对我讲，"在某个意义上，我就是个社会主义者"。他在理念上接受了某些社会主义的原则，认为必须将民主的原则延伸到经济领域，尤其是延伸至工作场所，因为任何群体（包括企业、公司、学校、机关、社团等）只要其决定会影响其成员的利益，它的成员就有权参与其决策过程。

斯蒂格利茨（Joseph E.Stiglitz）的建议更加大胆。这位2001年诺贝尔经济学奖的获得者，曾于1995—1997年间担任过克林顿总统的经济顾问团主席，于1997—2000年担任过世界银行副总裁、首席经济学家。没有人能批评他不懂经济。斯蒂格利茨认为，工人阶级不仅

---

[1] 值得注意的是，西方主流学界的注意力在前一本书上，而在相当大程度上忽略了后一本书。依据"Google学术"的统计，前者共被引用1018次，后者只被引用288次。《民主理论绪论》在1999年就被译为中文，中文版译为《民主理论的前言》，由生活·读书·新知三联书店出版，并被广泛引用；但《经济民主绪论》至今还没有被译为中文，也几乎没有在中文学术界引起多大注意。

应该参与工作场所的民主管理，还应参与全国以至全球宏观经济的管理。他在很多场合批评美国财政部只是为华尔街服务，而不是为国家利益或世界利益服务。他说，"把制定国内经济政策的权力赋予财政部无可厚非，但它应该倾听来自方方面面的呼声，包括劳工阶级的呼声"。对联邦储备委员会（美国的中央银行）、世界银行、国际货币基金组织，他也提出类似的批评。既然联邦储备委员会每一次调整利息的政策会影响到千千万万的普通美国老百姓，斯蒂格利茨质问，为什么联邦储备委员会里面没有工人阶级的代表？同样，他也追问为什么美国的财政部、世界银行、国际货币基金组织里面没有工人阶级的代表？这是那些主流经济学家想都不会想的问题。为此，斯蒂格利茨大声疾呼，有必要摆脱主流范式的束缚，来一次思想大解放（a shift in the prevailing paradigm），从工作场所、基层、地区、全国以至全球，工人阶级的代表都应该在决策过程中充分发挥作用。

另一位诺贝尔经济学奖的获得者（1977年），詹姆斯·米德（James Edward Meade，1907—1995）也提出了一种经济民主的模式，他称之为"财产所有民主"（Property-Owning Democracy）。这种经济民主模式的最大特点是财产所有权在很大程度上平等化："其中任何一个人都不会在全部私人财产中占有一个太大或太小的份额；每个公民将从财产上获得自己的大部分收入。""劳动收入在总收入中所占的比例大大降低了。"这不是社会主义制度，因为财产并没有公有化。但如果财产所有权在社会全体成员之间平等分配的话，那时的社会将与资本主义社会大相径庭："劳动更加变成了一件完全是个人选择的事情。笨重危险的艰苦工作，不得不支付特别高的工资，以便吸引劳动者，有些人情愿去做这些工作，目的是为了明显地增加自己的收入。在另一个极端，有些人立志献身于非商业性的活动，他们也能如愿以偿，只要他们愿意降低自己的生活标准，当然他们也不至于在阁楼里忍饥挨饿。最重要的是，一些劳动密集型的服务将会繁荣起来，有人愿意为另外一些处于相同的收入水平和社会地位的人们提供这些服务。演戏、跳芭蕾舞、绘画、写作、体育运动，以及所有这类被亚当·斯密称为'非生产性'的活动，都会在半职业、半业余的基础上兴旺起来；提供这类服务的人，也不会再堕落为巨富保护人的贫穷献媚者了。"简而言之，"财产所有民主制"将制约少数人肆意行使其经济权力。

正是在这个意义上，米德的"财产所有民主制"得到了罗尔斯的高度评价，他说："财产所有民主制的背景制度，连同它的（可行的）竞争性市场，是试图分散财产和资本的所有，并因而试图阻止社会的一小部分人控制经济并间接控制政治生活本身。"罗尔斯深知，资本主义造成的贫富悬殊使得政治民主极易沦为一纸空谈。为了保障平等的政治权利与平等的政治影响力，仅仅靠小打小闹的福利国家是不够的。这就是为什么他在新版《正义论》的修订者序言中指出，如果让他重写一次《正义论》，他会更鲜明地将财产所有民主制与福利国家区分开来，因为福利国家虽然可以为不幸的人提供一定的保障（医疗、养老、失业、工伤），但它却对经济上的贫富悬殊视若无睹。为了实现真正的社会公正与政治民主，罗尔斯认为必须尽可能地保证所有公民在每一阶段的开始，站在同一条起跑线上，这就需要寻求一个比福利国家更为平等的社会，用各种方式分散资本和其他资源的所有权。

以上的介绍表明，西方那些认真思考民主问题的人都在探索超越现实资本主义民主的途径；他们的努力只是刚刚开始而已。现在有些人懒于思考，把以"选主"为主轴的体制当作实现民主的唯一途径。对他们而言，历史仿佛真的终结了，人类社会似乎只能按这种放之四海而皆准的方式运作，这是绝对荒谬的。对于真正关心民主的中国人来说，我们应该拓展想象的空间，从理论和实践上寻求"选主"体制以外实现人民当家做主的途径。中国是要在社会主义制度的基础上建设民主，它应是以最广大劳动人民利益为出发点的民主，是广泛参与的民主；完全不必向有产者做出巨大让步，而对民主大打折扣。如果认识不到这一点，盲目采用西方舶来的那些民主模式，最后的结果只能是南辕北辙。

香港吐露湾

2008 年 3 月 21 日完稿

## "当代学术"第一辑

### 美的历程
李泽厚著

### 中国古代思想史论
李泽厚著

### 古代宗教与伦理
陈 来著

### 从爵本位到官本位（增补本）
阎步克著

### 天朝的崩溃（修订本）
茅海建著

### 晚清的士人与世相（增订本）
杨国强著

### 傅斯年
中国近代历史与政治中的个体生命
王汎森著

### 法律与文学
以中国传统戏剧为材料
朱苏力著

### 刺桐城
滨海中国的地方与世界
王铭铭著

### 第一哲学的支点
赵汀阳著

生活·讀書·新知 三联书店 刊行

## "当代学术" 第二辑

**七缀集**
钱锺书 著

**杜诗杂说全编**
曹慕樊 著

**商文明**
张光直 著

**西周史**(增补2版)
许倬云 著

**拓拔史探**
田余庆 著

**近代中国社会的新陈代谢**
陈旭麓 著

**甲午战争前后的晚清政局**
石 泉 著

**民主四讲**
王绍光 著

**心灵秩序与世界历史**
吴 飞 著

**海德格尔与伦理学问题**(修订版)
韩 潮 著

生活·讀書·新知 三联书店 刊行